世紀文庫
文學 019

尋找長安

——文化遊記

張 錯 著

前言

無夢到長安

舊詩多忘卻，新酒且嘗看……

漸銷名利想，無夢到長安。

——白居易〈無夢〉

大凡人之心有所感，皆會顯諸言語或顏色。〈大序〉早就指出「情發於聲，聲成文謂之音」。但從言語轉化為文字，卻牽涉及內容與形式選擇的互動。什麼樣內容，就需要什麼樣形式表達，猶如什麼身體，什麼衣裳。

這十篇文化遊記不能單純視之為旅遊文章。它們是有策劃的採用遊記文體，展出對傳統文化的溯源與依歸。也就是說，借用旅遊書寫，表達對這些地方歷史、文化、藝術或宗教內涵的了解感受。

它們也代表了近十多年來，我自文學轉向考古與視覺藝術的研究。

書內長安、洛陽與成都，是思幽懷古。殷墟、馬王堆與曾乙侯，是考古學和藝術史內青銅器及陶瓷的專注。四大石窟的雲岡、龍門、敦煌與麥積山，是佛教雕塑壁繪藝術的見證。五嶽的華山，勾勒宋元清逸山水，巍偉的泰山，呈顯造化的神秀。同樣，在南方的廣州與澳門，延續了基督文明入華及東西文化交流的命脈。

一個地方，像一個人或一座博物館，認識越多，流連相處的時間便越長久。許多實景實物引證，正是閱讀空間的景物伸延。

選擇散文遊記作為形式表達是有原因的，散文借物喻情，若顯若隱，奔放而含蓄。中年讀杜，喜歡杜甫憂國憂民，言詞穩重，詩律精細。中年過後，愛讀香山，喜歡他的豁達釋然，有如一面宋代明鏡，讓滄桑沉澱，清澈見性，醍醐灌頂，痛快淋漓。白居易自少天資聰穎，二十九歲進士及第，在長安前後居住了好一大段時間。他離長安後，轉任杭州、蘇州等地刺史，曾在江南碰到舊識蕭徹，同舟有感，歸賦百句長詩，追憶早年長安詩酒風流的日子：

憶昔嬉遊伴，多陪歡宴場。寓居同永樂，幽會共平康。
師子尋前曲，聲兒出內坊。花深態奴宅，竹錯得憐堂。

一直到兩人別後，江湖落索，彼此更音訊杳渺，信息全無：

別後嫌宵永，愁來厭歲芳。幾看花結子，頻見露為霜。
歲月何超忽，音容坐渺茫。往還書斷絕，來去夢遊揚。

及至異鄉執手相逢，又是不勝唏噓：

自我辭秦地，逢君客楚鄉。常嗟異岐路，忽喜共舟航。
話舊堪垂淚，思鄉數斷腸。愁雲接巫峽，淚竹近瀟湘。
月落江湖闊，天高節候涼。浦深煙渺渺，沙冷月蒼蒼。

真是「舊遊千里外，往事十年強」，「強歌還自感，縱飲不成狂」。我不厭其煩寫出這段典故，也是心戚戚有所感焉。

長安對我，已經不止是唐代京都，而是一個巨大隱喻與反諷。大學念的是西洋文學系，專攻英美現代文學。因雅好中國古典文學，在中文系選修及旁聽課業，樂此不倦。及至在西雅圖念比較文學博士，隨施友忠老師研讀《文心》，博覽古籍，尤其醉心唐代傳奇及詩歌，有似快馬輕裘，寓居長安，平康里、曲江池、樂遊原、胡姬酒肆、灞橋柳色。

但曾幾何時在美國出道授業，學府規格強調老師的專業領域（field），自然而然又被定位為比較文學及現代文學的學者專家。雖不需與古典切割，但一旦擁抱現代，卻似浪子辭鄉，離散在外，多年未歸。

終於一日幡然開悟，正當年輕學者紛紛投奔現代與後現代理論創作，我卻反其道而行，回歸中世紀與上古的夏商周三代文明，甚至新石器時代。那才是一切現代的根基與起源啊！許多不寐良夜，檐前月下，檢讀施師留下書籍與古代文獻，思潮屢起伏，掩卷長嘆息。

及至重臨西安，勝地仍在，面貌全非，萬丈高樓叢中，孤零零一座大雁塔，周圍一切的古典點綴，都是浮華。逝去的時景，永遠不會重來。那是一種懊惱而甜蜜的追述與回憶，並且開始明白北魏的楊衒之為何撰寫《洛陽伽藍記》。作者重臨洛陽，除了痛悔皇朝當日奢華營建的佛教寺觀，更看到「城廓崩毀，宮室傾覆，寺觀灰燼，廟塔丘墟」。思前想後，當年城內一千三百六十七座寺院，有如夢幻泡影，如露如電。時光迢遞，「麥秀之感，非獨殷墟；黍離之悲，信哉周室」。因而執筆為文，恐後世無傳。

書寫《尋找長安》動機如出一轍，十篇的文化遊記，雖不見得就是歷史見證，也許更重複前人敘述，但卻是說不盡對時光流逝的抵抗與不甘心。重新尋找，不見得就會重新發現，去憶取追尋，卻永遠不會消失忘記。

長安如此，洛陽、成都、敦煌、雲岡、白馬寺、少林寺……又何嘗不如此？

古蹟無言，器物無語，它們的沉默，自比人間虛詐偽善的語言可愛千百倍。那天在西安陝西歷史博物館看雪白邢窯與碧綠的祕色窯，靈臺清澈、一片冰心。真是漸銷名利想，無夢到長安。

此書構想發軔自美洲《世界日報》洛杉磯的〈旅遊專刊〉，得蒙專刊總策劃孫靖洋先生厚愛見邀，讓我每期提供稿件撰述。旅程策劃裡，更得許多「貴人」相助，如董保中兄、魏國濤律師、程美賢、范炳南、陳青、任豐、陳亞男、趙憲揚等先生女士，在此一併謝過。

此外，在本書製作過程中，我必須感謝三民書局編輯部同仁在校閱中提出寶貴修改意見，我虛心受教，能接受的都接受了。最後讓我把心中最深謝意留給摯友林黛嫚，沒有她的肯定和信心，這本書不可能面世，想不到如此簡單、如此真實的一宗事情，卻如此困難啟齒把它道說出來。

大雁塔

尋找長安

天盡頭

尋找夢中的長安

——西安遊

1

每個人心中都有一座看不見的城市，當代意大利作家卡爾維諾(Italo Calvino)在《看不見的城市》(*Invisible Cities*)一書裡，馬可孛羅給忽必烈汗描述一座座皇帝沒有去過、因而看不見的城市。同樣，每個人心中均有一座夢中城市，像何其芳在〈夢中道路〉散文內引用《燕泥集》一首短詩收尾兩行的感嘆：

從此始感到成人的寂寞，
更喜歡夢中道路的迷離。

長安就是許多人夢中的城市，從前景物似存實渺、似真還假，有如夢境依稀，醒來只好在今日的西安尋找。

2

今日的西安，有些人在這裡成長無動於衷，有些人從未來過而對它一無所知，有些人心有所屬，一訪再訪意猶未盡。但現代西安與書中的長安、歷史的長安、夢中的長安，究竟還有一段距離。

美國學者謝弗(Edward Schafer)經典名著《唐代的外來文明》（原名《撒馬爾罕的金桃》*The Golden Peaches of Samarkand*）記載，唐代長安城有東、西兩大市場，各有許多市集。公卿貴族居住於東市附近的朱雀東街。西市多商賈聚集，店號林立，除金屬器皿市、衣市、馬市、絲綢市和藥市外，還有屠宰市、以及一排排的食肆茶館。長安外商多為北方及西方人、包括突厥、回鶻（又稱回紇）、吐火羅（今阿富汗）、及粟特人。

八世紀中葉以後，飲茶風尚已自漢人流傳到胡人及其他外族商賈。在長安最會做買賣及放高利貸的回鶻商人，入城第一件事就是前往茶葉商人的店鋪泡一壺茶，開始向漢人收買文物，或將現金貸給揮霍無度的貴族浪蕩子弟，再以其土地、房產、家具甚至奴僕來作抵押。

九世紀唐朝政經紊亂，物價高漲，這批胡商膽大妄為，有一胡商曾於白日當街殺人而遭拘禁（西市本亦為處決犯人的地方），卻被回鶻行頭（集市首領）私下營救脫身。到了唐文宗開成元年（八三六），政府終於頒下詔令：「自今以後，應諸色人，宜除准敕互市外，並不得與蕃客錢貨交關。」

長安東市與宮城之間也是尋歡作樂的去處。最有名是「平康坊」(又稱平康里)一帶的妓院，居住著一群嫻熟樂器舞蹈、聲色藝皆全的藝妓，傾倒了不知多少前來長安應試功名的士人。

這些女子雖是娼家，但藝重於色。《開元天寶遺事》卷上記載「長安有平康坊，妓女所居之地。京都俠少萃集於此，兼每年新進士以紅牋名紙遊謁其中。時人謂此坊為『風流藪澤』」。最有名的例子就是白行簡的〈李娃傳〉中妓女李娃與鄭生悲歡離合的愛情故事，不但反映出名門望族子弟的懦弱無能，同時也彰顯風塵女子的專情決斷和瑰奇節行。

在這故事裡，鄭生初遇李娃，正是在平康坊鳴珂曲內的一所妓院：

(鄭生)嘗游東市還，自平康東門入，將訪友於西南。至鳴珂曲，見一宅，門庭不甚廣，而室宇嚴邃。闔一扉，有娃方憑一雙鬟青衣立，妖姿要妙，絕代未有。生忽見之，不覺停驂久之，徘徊不能去。乃詐墜鞭於地，候其從者，敕取之。累眄於娃，娃回眸凝睇，情甚相慕。竟不敢措辭而去。

此段文字絕妙絕美。平康里有四門，鄭生自東門入，不是城的東門，是里的東門。

唐代平康里入北門後，東迴有三曲，是妓女居住的地方，鳴珂曲即此三曲之一。鄭生在此遇上李娃，最初是驚其豔色，「絕代未有」，但李娃之色，雖是「妖姿要妙」，卻非風塵勾搭之色，而是對鄭生一見傾心之情，她「回眸凝睇，情甚相慕」，致令鄭生不敢輕佻造次。

唐朝詩人祭酒白居易於江南逢舊友，追憶長安盛況，亦提到平康里。〈江南喜逢蕭九徹因話長安舊遊戲贈五十韻〉內有云：

憶昔嬉遊伴，多陪歡宴場。寓居同永樂，幽會共平康。
師子尋前曲，聲兒出內坊。花深態奴宅，竹錯得憐堂。

這些句子都是描寫平康里與歌妓尋歡作樂的所在。白樂天當年，除了家妓櫻桃樊素和楊柳小蠻外，最暱愛的長安阿軟（「名情推阿軟，巧語許秋娘」），正是平康里的歌妓。白年輕時及第長安，亦曾有詩記載當年教唱這名美麗可人「綠水紅蓮一朵開，千花百草無顏色」的阿軟：

偶助笑歌嘲阿軟，可知傳誦到通州。

昔教紅袖佳人唱，今遣青衫司馬愁。

除妓院外，當年沿著長安城東邊城牆自「春明門」往南一帶，酒館林列。漢代文君當爐，唐代亦有胡姬獻酒。長安市內，平日賓主盡歡，常在這些酒館飲酒，觀賞胡姬助酒歌舞。李白〈前有樽酒行〉詩云：

琴奏龍門之綠桐，玉壺美酒清若空。
催弦拂柱與君飲，看朱成碧顏始紅。
胡姬貌如花，當壚笑春風。
笑春風，舞羅衣。
君今不醉將安歸？

飲酒飲到「看朱成碧」，真可謂醉眼惺忪了。今日西安，渭河初春，柳色新綠，千山如翠，極為亮麗。雖然東、西市都不見了，但市內鼓樓一帶入夜後，依然燈火通明，

鼓樓城門

食肆林立，遊人如鯽。

可是夢中的長安永遠在夢裡，過去了的永遠不會再回來。漢代的長安如此，唐代的長安亦如此，一去不回。青龍寺及法門寺，也再不是從前的青龍寺及法門寺。

青龍寺在西安市東南郊，即當年長安城新昌坊東南隅，近樂遊原。李商隱「向晚意不適，驅車登古原，夕陽無限好，只是近黃昏」，正是指樂遊原的晚霞滿天。

青龍寺是唐代傳播密宗的主要寺院之一，與日本佛教有密切關係。九世紀初葉，日本僧人空海隨日本第十七次遣唐使受命西渡，前往中國長安留學習經，幾經波折，終於大唐貞元二十年（八〇四）抵長安城，騎馬由春明城門入京，先居西明寺，再於同年五月下旬抵青龍寺，拜謁惠果大和尚。

惠果為北印度婆羅門族不空三藏之徒，密宗相信師徒輪迴轉世，互為師徒，不空生前曾與惠果相約——「多生之中，相共誓願，

青龍寺空海碑

弘演密藏，彼此代為師資。」唐代宗大曆九年不空圓寂，同年，亦即日本寶龜五年，空海出生，故東土傳言空海實是不空之轉世。因此惠果見空海來，認定他就是不空轉世，連說相待久矣，今日相見，大喜大喜。

空海拜惠果為師，傳法灌頂，密號遍照金剛。留華三年，盡得真傳，回東瀛創真言宗，成為一代宗師，世稱弘法大師，著有《文鏡祕府》一冊，為日本人研究中國唐代文學必讀之書。空海回日本前，有〈留別青龍寺義操闍梨〉詩一首，內有「一生一別難再見，非夢思中數數尋」兩句，僧情濃郁，一字一淚。

法門寺在扶風縣，以佛指骨舍利、祕色瓷、金銀器、阿拉伯琉璃器名聞寰宇。自古以來，有三十年一開地宮之例，共開六次，後湮沒無聞。一九八一年寺塔半邊倒塌，一

法門寺及寶塔

九八六年考古人員在清理寺塔地基時重新發現一座唐代修建的地宮，珍藏約九百多件唐代文物。其中最珍貴的是祕藏了一千多年的釋迦牟尼佛指舍利真骨。一九八七年發現第一枚佛指舍利當日的五月五日凌晨一時，正是陰曆四月初八，佛祖二千五百五十二年的誕辰。另出土有「鎏金迎真身銀金花四股十二環錫杖」，工藝出色，極是罕貴，比日本正倉院被稱為錫杖之王的「二股六環白銅頭錫杖」等級更高，登峰造極。

法門寺地宮出土的祕色瓷，正是越窯翠色的巔峰成就。所謂祕色，人言言殊，大概是指殊難一見的稀有青色。那種有如橄欖的碧綠草色，就是陸龜蒙在〈祕色越器〉詩中的千峰翠色。對祕色越器造型色澤的描寫，還有晚唐五代詩人徐夤〈貢餘祕色茶盞〉詩內的前四句：

捩翠融青瑞色新，陶成先得貢吾君。
功剜明月染春水，輕旋薄冰盛綠雲。

所謂貢餘，是指入宋後，五代吳越國尚未投降，吳越王錢俶利用唐代設在明州慈溪縣上林湖的貢窯燒製技術，繼續向宋廷進貢瓷器。這種供奉青瓷在許多歷史文獻內均載為「祕色瓷器」，最具代表性就是法門寺地宮出土的十四件。

地宮同時有兩塊石碑，其中一塊為監送使刻製的「衣物帳」碑（全名為「應從重真寺真身供養道具及恩賜金銀器物寶函等並新恩賜金銀寶器衣物帳」），內登記有唐懿、僖二宗及皇室眷屬內臣等人供奉的金銀寶器及青瓷器物，明顯稱這些瓷器為「祕色瓷」。內有八棱淨水瓶和荷花碗五件，不在「衣物帳」祕色瓷單內。八棱淨水瓶的形制釉色，長頸豐肩，鼓腹淺圈足，通體凸出八道棱痕，肩頸箍有三道弦狀紋飾，晶瑩如玉，溫潤郁翠，所有特徵，均確屬祕色瓷無疑。只因當日出土時未與其他祕色瓷器一起置放，工作人員遂另立名目登記處理，其實當時瓶內裝有五色佛珠二十九顆，瓶口另放有一大珠覆蓋，因而具有宗教聖物意義，另行置放，遂引起考古人員誤會，將其計為十三件。

法門寺祕色
八棱淨水瓶

寶雞就是當年韓信「明修棧道，暗渡陳倉」的陳倉，古來因為地理關係，為兵家攻戰之地，但在文化起源方面，它卻是先周先秦的都邑。周文王的祖父為避敵，在陝西遷徙往岐山之南渭水之邊，是為周原，亦即扶風、岐山、鳳翔等地。文王興周滅商，遷都今長安以西的豐京，周武王時因犬戎入侵，將國都遷往以東的鎬京（今洛陽)。以西周而言,周原一帶可說得是周王室宗廟所在地及王公大臣采邑歸葬之處。周亡後,此地一帶遂成廢墟。正因為如此,歷代以來,寶雞出土的青銅器數以萬計。

臺北故宮博物院鎮院之寶毛公鼎(內銘文多達四百九十七字)、散氏盤(三百五十七字),及所謂晚清四寶中的二寶大盂鼎(二百九十一字)、虢季子白盤(一百一十一字),均出土於寶雞。其中尤以毛公鼎經歷最為傳奇,牽涉及陳介祺、葉公超等人。其他青銅一等鼎器如大克鼎、何尊、秦公鎛均來自寶雞。寶雞出土周秦青銅器高達兩萬多件,可謂青銅器之鄉。

寶雞青銅博物館於一九九八年對外開放,館型建築以「平臺五鼎」為型,頗為雄偉別緻,雖沒有陝博仿唐建築那種幽玄典雅,然別具九鼎分列的西周皇朝莊嚴瑰麗。館內青銅器琳瑯滿目,不計其數。它的收藏內涵包括了西周王朝的發源及秦國在陝西的崛起,展示一系列的歷史演進。其鎮館之寶「何尊」,內鑄銘文一百二十二字,記載周成王在京室對宗小子何的訓誥,文內首次出現「中國」兩字作為詞組,為其他銅器銘文所無。

散氏盤

寶雞何尊

咸陽的漢景帝陽陵與秦兵馬俑可謂一柔一剛。漢代有所謂「文景之治」，即是指西元前一八〇年呂后死後，丞相陳平等群臣相謀打倒呂族，立高祖庶子劉恆為漢文帝。文帝與其子景帝極為儉約，獎勵農耕，多次免除田稅。景帝更將高祖所訂收穫的十五分之一的租率，減半為三十分之一，農民稱頌感激。陽陵是景帝劉啟與皇后王氏同塋異穴的合葬陵寢，在原地起建落成陽陵考古陳列館，觀賞者可以自地面透明的玻璃板看到地下陵寢各式陶俑的原來陳列。

上世紀九十年代末，海內外文物市場早已沸騰著陽陵裸體無臂男女陶俑的買賣，更因其體積僅六十公分左右，比秦俑小得多，攜寄方便，一時洛陽俑貴，炙手可熱。

這些裸體陶俑除少數著衣侍女、武士外，其他全都為彩繪男武士、宦官、奴婢侍從及樂舞蹈俑。他們或站或坐，或佇守或驃騎，排成各式戰陣，總數達數萬之多。武

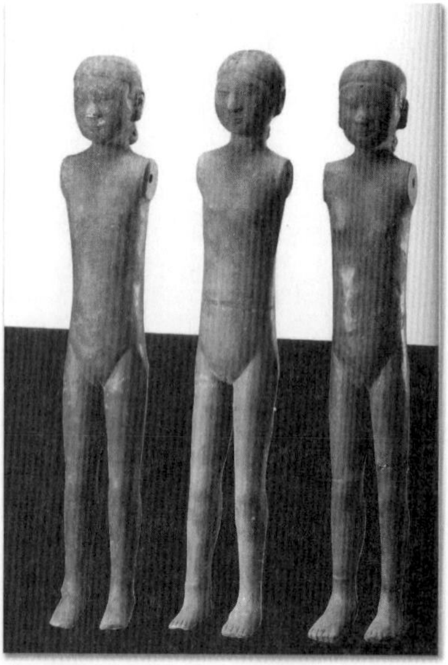

陽陵侍女俑

陽陵武士俑

士俑原穿有用泥土塑刻的鎧甲衣裳，髮鬚眉眼均塗黑色，通體彩繪橙紅色，頭部造型相當細膩，臉部輪廓及五官以至面部表情逼真，甚至頭巾髮網，都以原來材料配搭，更兼生理特徵十分明顯，一旦無衣，惹人注目。其實彩繪陶俑在入葬時穿有衣服或泥塑鎧甲、並裝配有木質可活動的胳臂。由於埋藏久遠，出土時衣裳、泥土、木臂皆腐朽脫落。由此我們知道，這些陶俑與秦俑不同，為「著衣」式的陶俑。

武士男俑由於體積小與輪廓清晰，反顯得溫文矯健。另一方面，樂俑雖手無樂器，踞坐姿態，神情專注，手、身、眼、神合一，曲中無聲，然觀其俑而聞其音，天籟妙有。舞俑則袖裾輕飄，典雅飄逸，有如仙樂飄渺，聞歌起舞。塑衣式彩繪侍女俑拱手跪坐，神色恭敬，儀容秀麗，眉目有情。

漢朝已自青銅時代進入鐵器時代，許多陶俑手持兵器，因為木質或生鐵均皆朽蝕，極為可惜。但亦有出土的青銅長劍，追隨戰國後期體制，比商周銅劍長多一倍，逾四十二點三公分。

陽陵除人俑外，亦有大量動物俑，包括羊、狗、豕等，它們排成隊伍，極是可愛。陽陵在家居生活方面有點像湖南長沙的馬王堆，讓人有一種家族飲食起居的親切，除各類銅鐵兵器、生產工具、車馬器及漆器外，亦有農作物種子和果實如板栗、黍稷、小麥等糧食作物，其中有十一顆經有關部門測定確認是花生。

陽陵彩繪樂俑

浮生若夢，今日西安的景物如夢似幻，真是夢中的長安啊！它們一一顯現如拼圖遊戲裡面很多的小圖塊，必須要我們從歷史、文化、藝術的領域裡，把古代長安重新拼湊追尋。那又是一宗多麼耐人尋味的使命，惟有心人為之。

長安外

——西嶽華山

1

看華山會讓人一頭栽入晚唐五代的山水畫，像荊浩、關仝、董源與巨然的一齣山水四重奏；也像北宋梅堯臣看荊浩的山水——「石蒼蒼，連峭峰，大山巍峨雲霧中。老松瘦樹無筆蹤，巧奪造化何能窮。古絹脆裂再黏續，氣象一似高高嵩」，那是春夏交替的華山。

一入秋冬，華山便成了宋人山水，有范寬的高遠雄偉（他的「谿山行旅圖」極有華山氣勢）、郭熙的層巒蒼鬱，大雪滿山。然而兩宋山水，難掩華山五峰奇偉險峻，孤芳秀麗，清逸脫俗。至於空寂蕭散，卻又是元代黃公望、倪雲林的手筆了。

自宋入元，文人畫以隱逸為宗，倪瓚更棄家入道，歸全真教，華山正是道教洞天福地的重鎮，道觀無數，有全真觀、玉泉院、群仙觀、純陽宮、南天門等地。到

華山景色，有如五代寫意山水，所謂「筆尖寒樹瘦，墨淡野雲輕」

了元末，山水大家王蒙那幅景緐筆密的「少白雲松圖」，更是「至正元年秋七月登華嶽、遊玉女峰、入少白深處」的得意佳作。

遊華山，豈可不聯想金庸群典？自然更無法不想到落魄不羈、含冤受屈的令狐沖。他出身五嶽劍派的華山派，掌門人住的地方正是中峰。中峰又名玉女峰，相傳春秋時秦穆公女兒弄玉，被蕭史的簫聲韻音所感動，遂離宮廷，與蕭史乘龍駕鳳隱居中峰。

令狐含冤受屈，迫著要與號稱「君子劍」的師父比劍，那偽君子打不過他，卻使詐連用令狐曾與小師妹情投意合對招時的「沖靈劍法」，左一招「弄玉吹簫」，右一招「蕭史乘龍」，一下又是「蒼松迎客」，一下又是「浪子回頭」，搞得令狐心神大亂。其實這些招數名字，都出自華山中峰玉女峰的勝景掌故。

令狐率性任情、不善律己、豪邁浪蕩，卻又心細如麻、聰穎狡黠；一開首就交上採花大盜萬里獨行田伯光，繼而又因「笑傲江湖」之曲，牽搭魔教長老，被罰在玉女峰思過崖下面壁：

當日傍晚，令狐沖拜別了師父、師娘，與眾師弟、師妹作別，攜了一柄長劍，

赭色山巒草木，亦是王蒙本色

引鳳亭在玉女峰上。相傳春秋時秦穆公女兒弄玉，被蕭史的玉簫聲韻所感動，與蕭史乘龍駕鳳隱居中峰

自行到玉女峰絕頂的一個危崖之上。危崖上有個山洞，是華山派歷代弟子犯規後囚禁受罰之所。崖上光禿禿的寸草不生，更無一株樹木，除一個山洞外，一無所有。華山本來草木清華，景色極幽，這危崖卻是例外，自來相傳是玉女髮釵上的一顆珍珠。當年華山派的祖師以此危崖為懲罰弟子之所，主要便因此處無草無木，無蟲無鳥，受罰的弟子在面壁思過之時，不致為外

景色也似郭熙的層巒蒼鬱，大雪滿山

西峰絕壑

物所擾，心有旁騖。令狐沖進得山洞，見地下有塊光溜溜的大石，心想：「數百年來，我華山派不知道有多少前輩曾在這裡坐過，以致這塊大石竟坐得這等滑溜。」

怎知卻因禍得福，自太師叔風清揚處學得「獨孤九劍」。其實金庸諸書，處處華山，早自《碧血劍》，袁承志幼年便學技於華山派的穆人清，華山西峰最險，絕壁千仞。有回豢養的兩隻猩猩在峭壁玩耍：

這一天，兩頭猩猩攀到峰西絕壁上採摘果子，這絕壁一面較斜，尚可攀援，另一面卻如一大堵平牆，毫無可容手足之處。雙猩摘果嬉戲，小乖忽然失足，從樹上跌了下來，直向絕壁一面溜下。這絕壁離地四十多丈，一掉下去自是粉身碎骨。大威嚇得魂飛魄散，趕到山壁上看時，見小乖幸喜並未掉下，兩條長臂攀在山壁上一個洞裡。這洞穴年深月久，本來被泥土封住，小乖掉下來時在山壁上亂抓亂爬，湊巧抓破封泥，手指勾住了洞穴。只是身子掛在半空，上不得，下不去，十分狼狽。

由此遂得以發現金蛇郎君祕笈，揭開了一段愛恨情仇的祕辛。

華山真有許多石洞，袁承志發現只是其一。這些洞府，有在懸崖峭壁，有在峰迴路轉偏僻處，都是道教真人修練藏身之所。

元朝年間全真教盛行，有道士名郝志真（亦有傳為即全真七子的廣寧子郝大通），原為華陰縣令，看破紅塵，到華山隨王重陽修道。王重陽羽化後，郝志真在華山以開鑿石洞為志業，創華山郝祖派，以供同道修真。全真教祖師王重陽、長春真人丘處機及全真七子，都是真有其人其事。

丘處機曾於金興定四年（一二二○），與弟子十八人從萊州出發，長途跋涉，行程萬里，歷時二年，到達西域大雪山謁見元太祖成吉思汗，並勸太祖

遙望西峰

戒殺。太祖更賜號「神仙」、「太宗師」，其弟子李志常曾作《長春真人西遊記》，記述其西行經歷。當然此李志常並無在《神鵰俠侶》內所作之事。

白雲峰在北峰東北，秀麗如國畫山水，長年雲霧繚繞，遂名白雲峰

天梯不長，但垂直如峭壁，即便今日鋪上石階加鐵索，行人也要小心攀登

2

華山在陝西華陰縣南，距西安以東一百二十公里，海拔二千多公尺。現登華山可省點力氣，在山麓東山門坐車到索道站，直上北峰。

登華山的方向是自北峰（偏東）向中峰、南峰攀登，再自南峰（偏西）回北峰山麓。如在山中兩日，則須在東峰頂的東峰飯店歇宿，惟迄至二〇〇七年春，東峰飯店雖有電力供應，仍未有自來水設備，條件未臻完美。

住宿一宵較理想，首天可自北峰頂出發，沿擦耳崖、取御道、上天梯、過蒼龍嶺、越中峰，覽賞各處勝景，入夜抵東峰飯店。晚膳前觀看群峰暮色，塵緣盡洗。入夜山巔苦寒，飲一壺西鳳酒，清洌醇馥，三五友好圍床夜語，欣然忘疲，人生盡

蒼龍嶺的嶺脊狹窄斜削，如刀鋒之脊刃。兩旁均為千丈深壑，行人只敢前望，不敢旁顧

歡，以肆愉悅，莫過於此。王昌齡有〈過華陰〉五言古詩一首，正是如此心情：

雲起太華山，雲山互明滅。東峰始含景，了了見松雪。
羈人感幽棲，窅映轉奇絕。欣然忘所疲，永望吟不輟。
信宿百餘里，出關玩新月。何意昨來心，遇物遂遷別。
人生屢如此，何以肆愉悅。

翌日東峰頂朝陽臺如有日出可觀，佳。若無，也無妨。早餐後可取道南天門直上華山南峰絕頂，再趨西峰步步驚心極險處。隨即可轉取捷徑，經金鎖關回北峰索道站。

3

華山五峰，東有朝陽、西如蓮花、南為落雁、中似玉女、北名雲臺。峰巒聳削，峻秀清麗，有如一花

東峰巔頂的東峰飯店

西峰步步驚心極險

五瓣，「遠而望之又若華狀」（《水經注》），故名華山（古字華、花同義）。其中又以東朝陽、西蓮花、南落雁三峰群山環繞拱衛，高聳入雲，有如三枝花蕊伸出。山綻如花，惟有華山。

華山五峰，東有朝陽、西如蓮花、南為落雁、中似玉女、北名雲臺。峰巒聳削，峻秀清麗，有如一花五瓣，「遠而望之又若華狀」，故名華山

山綻如花，惟有華山

東峰朝陽臺旁，有一天險，三面臨空，名「鷂子翻身」，被稱為華山第二險道（第一為長空棧道）。「鷂子翻身」在華山東峰，是通往下棋亭的必須之路，其路鑿於倒坎懸崖，往下看去，惟見鐵索垂於淩空，不見路徑。遊人至此，須面壁挽索，以腳尖探尋石窩，交替而下，其中幾步須如鷹鷂一般、左右翻轉身體才可通過，遂名「鷂子翻身」。

冬天下棋亭在雪中的雅麗，難以形容。這是在一個小峰頂上就地取石營建的一個華蓋小亭，亭內方石如盤，棋枰阡陌，江山歲月滄桑，令人思幽懷古。傳說此地為宋太祖趙匡胤與陳摶老祖下棋之處，贏了江山，卻輸了華山給陳摶。雖是野老村談，然在科幻當代，倍添歷史情趣憧憬。

下棋亭在雪中的雅麗，難以形容。傳說此地為宋太祖趙匡胤與陳摶老祖下棋之處

華山為花崗岩石層組成，自古石層相繼斷裂，石塊大片垂直切開墜落，平削如

鏡，因而削壁橫生，險峻無比。唐朝張喬〈華山〉有詩云：

誰將倚天劍，削出倚天峰。
眾水背流急，他山相向重。
樹黏青靄合，崖夾白雲濃。
一夜盆傾雨，前湫起毒龍。

另又有〈游華山雲際寺〉：

少華中峰寺，高秋眾景歸。
地連秦塞起，河隔晉山微。
晚木蟬相應，涼天雁並飛。
殷勤記巖石，只恐再來稀。

觀諸西峰山壁岩石的陡削險峻，有如倚天屠龍、刀劍削切，誠不虛妄。此峰風姿綽約，線條肌理，恰又與前面意繁筆密的元代王蒙相反，倒近似於清初畫僧弘仁

華山為花崗岩石層組成，自古石層相繼斷裂，石塊大片垂直切開墜落，平削如鏡

山壁岩石的陡削險峻，有如倚天屠龍、刀劍削切，誠不虛妄

的黃山畫意，寓偉峻沉厚於清簡淡遠了。

南峰海拔二千一百六十點五公尺，是華山最高主峰，也是五嶽最高峰。南峰由一峰二頂組成，東頂叫松檜峰，西頂叫落雁峰，據說峰高到雁鳥都飛越不過，必須落歇。然而登華山絕頂，似乎就是眾人攀登最終目標，加上峰頂有金庸勒石「華山論劍」題字及以其著述堆砌聯句——「飛雪連天射白鹿，笑書神俠倚碧鴛」，令人一再感慨流連。

此峰風姿綽約，線條肌理，恰又與前面意繁筆密的元代王蒙相反，倒近似於清初畫僧弘仁的清簡淡遠

南峰絕頂有金庸勒石「華山論劍」題字及以其著述堆砌聯句

自南峰可取金鎖關下山，沿途盡是松林檜木。新樹初綠，老樹成蔭，迤邐數里。其中更有百年古柏，山中不知歲月，惟只世間人物，一代接連一代，熙來攘往，匆匆路過，上山下山，有似過眼雲煙。

華山山路崎嶇陡峭，險峻無比，每年都有遊人傷亡事故，只不過報導不詳。登華山要訣在於量力而為，不貪不求，不然就會讓人想起蒼龍嶺上的「韓退之投書處」。據說韓愈當年登華山覽勝，暢遊三峰不知倦，下至蒼龍嶺時，山路險象橫生，真是上山容易下山難。當年道路兩旁又沒有鐵鍊扶手攀緣，再看兩邊絕壑深淵千尺，不由得雙腿發軟，寸步難移，坐在嶺上大哭，給家人寫信訣別並投書求救。華陰縣令得悉，派人前來拯救，詩人心中駭怕，不肯舉步，縣令無計可施，只好令人把韓愈灌個大醉，才把他抬下華山，看來韓愈，字退之，人如其名。詩名更蓋過他的膽識，他曾寫有華山〈古意〉一詩：

太華峰頭玉井蓮，開花十丈藕如船。
冷比雪霜甘比蜜，一片入口沉痾痊。
我欲求之不憚遠，青壁無路難夤緣。

安得長梯上摘實，下種七澤根株連。

詩人不是有懼高症，就是道行不高，玉井在最險峻的西峰鎮嶽宮，「安得長梯上摘實」；青壁無路，長梯未得，雪蓮無法擷取——因為當年華山的三十六級垂直天梯，他一定不敢攀登。

長空棧道為華山第一險道，乃懸崖絕壁上強行修建出來的棧道

華山迎客松在華山南峰，躬身引臂有如迎賓入山

韓愈當年登華山覽勝，真是上山容易下山難，坐在嶺上大哭，給家人寫信訣別並投書求救

白馬馱經・藝出少林

——洛陽白馬寺及嵩山少林寺

1 前言

佛教約於西元前後的漢代傳入中國，對華夏本土文化形成巨大衝擊與啟迪。東漢早年的洛陽，仍是一個昇平繁盛的文化帝都，除了儒術道統外，還摻雜著王朝貴族積極追求長生不老、其樂未央的現世享樂觀。知識分子受黃老思想啟發，自我內省發展出一種逃避主義，隱逸遊仙，但仍是個人超越，未能普渡眾生。到了東漢末年，戰禍四起，民不聊生。人民亟需一種宗教信仰，去肯定生命種種無法解釋的無常。佛教教義的苦集滅道、諸行無常、因果輪迴、生死流轉，恰如及時之雨。苦海眾生，聽聆妙法，如飲甘露。

2 洛陽白馬寺

白馬寺位在河南省洛陽市東十二公里，初建於東漢永平十一年（六八），距今已有一千九百多年歷史，是中國最早的佛寺，有「中國第一古剎」之稱，又因與佛教自印度東傳，有極密切淵源，亦被尊譽為佛教的「祖庭」和「釋源」。

《洛陽伽藍記》卷四〈城西〉篇記載，漢明帝劉莊夜夢飛天金神，身高「長丈六，項佩日月光明，胡人號曰佛」，飛繞殿庭。遂於西元六四年派遣使者十八人到西域求佛，他們到了大月氏國，即今日的阿富汗及附近地區，碰到在當地傳教的兩位天竺高僧，攝摩騰（迦葉摩騰）和竺法蘭，並得閱佛經及目睹釋迦牟尼金身佛像，於是便邀請這兩位僧人到中國弘法，並用白馬馱載經文佛像，千里迢迢，返抵京師時已是三年後的西元六七年了。

明帝見到金光閃閃的佛像，大喜。翌年，敕令在洛陽西雍門外興建白馬寺及齊雲塔，成為當地宗教活動中心。東漢牟融《理惑論》載，「於其壁畫千乘萬騎，繞塔三匝，又於南宮清涼臺及開陽門上作佛像」，極具宗教工藝之美。

《洛陽伽藍記》亦清楚指出，漢帝「遣使向西域求之，乃得經像焉。時以白馬負經而來，因以為名」。因此白馬寺來自白馬馱經的傳說，是毫無疑問的。

據說當年帶來的經文，包括以梵文書寫在貝多羅樹葉上，珍貴的「貝葉經」，這些樹葉經文有著名的《四十二章經》，放在金漆函盒裡供奉，有如聖物。僧人信眾「常燒香供養之，經函時放光明，耀於堂宇。是以道俗禮敬之，如仰真容。」可見當時國人禮佛求道之虔誠。

迦葉摩騰及竺法蘭兩位高僧此後就留在中國，學習漢語，畢生在白馬寺與眾人譯經弘法，成為佛教在中國有系統傳播的兩名最早傳道人。他們共同譯出佛教基本教義的《四十二章經》。迦葉摩騰去世後（寺中尚存其墓），竺法蘭又獨力譯出《十地斷結經》、《佛本生經》、《佛本行經》……等其他經文。據稱，從東漢永平十一年（六八）至延康元年（二二〇）的一百五十年間，參與白馬寺譯經者共有十二人，共譯出佛經二百九十二部三百九十五卷。因此洛陽白馬寺在歷史文化上有著重大的象徵意義，它不僅是中國最早的翻譯道場，也是魏晉六朝以前譯經最多的翻譯中心。

遊白馬寺，先看山門。此寺山門與眾不同，為三拱門式，上覆青白筒瓦。三門據云帶有佛教「三解脫門」的意思，即是如入涅槃之門，必包括有「空門」、「無相門」、「無作門」等三門，以便在諸法無相中，了斷生死。山門匾額「白馬寺」三字，為趙樸初先生題字。前面廣場屹立一座四柱三間的白石牌坊，中書「中國

白馬寺三拱門式的山門

第一古剎」，兩旁各列「正道」、「善行」四字。但是牌坊背面兩旁又各列「忘筌」、「捨筏」四字，前者出自《莊子》，想起當年洛陽釋道在白馬寺焚經相爭，勢同水火，現今並存不悖，可謂微妙。

白馬寺內外各有石馬一匹。寺內庭園的兩匹石馬，原是宋代駙馬都尉魏咸信墓前的石器，一九五〇年代移入寺內，以增強信眾對白馬的聯想。洛陽本有八景，「馬寺鐘聲」為其一。據說魏晉六朝、隋唐以降，寺中香火鼎盛，大佛殿內僧眾近數千人，每日擊磬敲鐘誦佛，聲聞數里，聞者為之心性寧靜，俗念全消。

據說明朝的白馬寺，更有一口重達五千餘斤的大鐘，敲起來可以呼應遠處洛陽東大街鐘樓的大鐘，有如心潮澎湃，此起彼伏，蔚為奇觀。所以民間遂流傳有「東邊撞鐘西邊響，西邊撞鐘東邊鳴」、「洛陽兩古鐘，東西相和鳴」的佳話。

白馬寺外的白石牌坊

歷代詩人的「馬寺鐘聲」題詠甚多，其中明朝劉贄一首如下：

洪鐘托古剎，清梵動晨昏。
境淨聲當牖，天空響出塵。
本來覺夢界，猶有未醒人。
莫怪闍黎飯，恆清只厭貧。

聆聽到古寺鐘聲，真是「本來覺夢界，猶有未醒人」，堪嘆世人入寺燒香，本應覺醒塵世如夢，怎知依然大夢未醒，平生不知。唐朝士人王播早年未發跡前，寄居在揚州惠照寺，勢利僧人欺負他是貧寒書生，喫完飯才敲飯鐘，使他餓著肚子。及至後來他當上淮南節度使，到揚州上任，重返寺中，見到從前題在牆壁的詩作，已被一塊碧紗籠罩，如珍似寶，感觸萬千，遂寫出「上堂已了各西東，慚愧闍黎飯後鐘；三十年來塵撲面，如今始得碧紗籠」之句。

白馬寺的建築，是一條由南到北的中軸直線。入山門後，過鐘鼓樓，便先後有五座大殿，分別為天王殿、大佛殿、大雄殿、接引殿及毗盧閣。

天王殿的圓形窗牖最為別緻，殿內側廊各有四大天王。中供彌勒佛，佛坐倚的貼金雕龍佛龕，是清代民間木雕精品，今雖已斑駁削落，龕頂的五十多條小雕龍，仍見巧工。彌勒的背後為護法韋馱，左持伏魔杵，右舉須彌山，法相俊朗威武。殿前有焚香寶鼎。

《洛陽伽藍記》云，寺內種植的石榴、葡萄都與眾不同。枝葉茂盛，果實很大，味道甜美，葡萄比棗子還大，每顆石榴更可重達七斤。每年石榴成熟時，漢明帝都會入寺摘取，或賜給宮人，宮人也把這些果實當作珍寶轉贈親人，得到這些果子的親戚們也不敢馬上吃掉，經常又轉贈數戶人家。(「帝至熟時，常詣取之，或復賜宮人，宮人得之，轉餉親戚，以為奇味。得者不敢輒食，乃歷數家。」) 於是京師遂流傳「白馬寺的甜石榴，一顆價值一頭牛」的說法。

大佛殿現供有緬甸玉臥佛一尊，殿外東西兩側各有月門一道，圓滿吉祥，如月之盈。門外小徑通幽，優雅不遜蘇州庭院。殿旁南側有六祖殿，供奉慧能祖師木雕像。

大雄殿內存有元代用「夾紵乾漆」手法造像的三世佛、二天將、十八羅漢，最為珍貴。這組造像來自北京故宮慈寧宮大佛堂，造型殊相，極是罕見。

毗盧閣為寺中最後一個大殿，供奉盧舍那佛（大日如來），兩旁有脅侍菩薩文殊及普賢。閣外一副對聯頗佳：「金人入夢白馬馱經，讀書臺高浮屠地迴」。

3 嵩山少林寺

未到過少林寺，一定聽過少林功夫；不懂少林功夫，至少也讀過金庸的武俠經典。《天龍八部》的喬峰與虛竹，都藝出少林，武功之高，遠勝袁承志或陳家洛。尤其契丹人喬峰，豪氣干雲，武功深厚，身含不白之冤。他一度夜闖少林，在散在山坡上東一座西一座少林寺的殿堂院落裡，「雖然長大魁偉，但身手矯捷，竄高伏低，直似靈貓，竟沒給人知覺」。及至引出連番殺父弒師的重重誤會，百詞莫辯，身陷眾僧重圍，最後憑著「降龍十八掌」的一招「亢龍有悔」，方始脫身而去。

由此可知，少林寺所以名聞中外，不僅是寺院悠長歷史，更是它與武林密切關係的種種傳說。

少林寺位在登封市西北十三公里，距鄭州及洛陽不遠。初建於北魏太和十九年

毗盧閣對聯

（四九五），為孝文帝安頓天竺僧人跋陀所敕建。它之成為佛教禪宗「祖庭」發源地，相傳為禪宗祖師菩提達摩，自北魏孝昌三年（五二七）由印度取海路一葦渡江，入中國，抵洛陽，駐錫少林，廣傳大乘。他面壁九年，不立文字，教外別傳，見性成佛，直指人心。後將衣缽留給二祖慧可，一直傳承到六祖慧能，成為中國佛教最大的宗門。

當然少林寺十三武僧在隋唐（六二一）年間，曾協助時為秦王李世民的唐太宗，征討王世充之役，護駕有功，戎馬功勞，大獲全勝。凱旋後太宗賞賜他們紫羅袈裟各一件，少林寺庄田四十頃，水碾一具，御書立碑，並特許寺方自養僧兵五百。由此可知，十三武僧不但顯示少林武術深厚的根基，並且在整個武僧制度裡，少林寺更負起有系統式的培訓武藝，那是最古老的武術專業學校，至今依然如此，未到少林寺，就滿街都是武術學校，難怪有「天下功夫出少林」這句話了。

少林寺大門

火燒少林寺也是真的，除康熙年間的一場大火，從清代到民國，少林寺一共被燒了三次。毀壞最厲害是軍閥石友三的一次，燒了個把月方才熄滅，把原來的大雄殿、天王殿、鐘鼓樓、藏經閣、香積廚、禪堂……等等二百多間殿堂，以及許多千年槐柏銀杏，通通付諸一炬。所以現今的少林寺，是民國以後的建設，雖留舊觀，已非原貌。

現今少林寺占地達三萬平方公尺，依山坡而建，因而主軸直線有一定傾斜度，遊少林寺可漫步拾階而登，並留意觀賞兩邊饒富歷史掌故的碑石，如太宗御筆、乾隆題詩、金庸題字，以及明朝繪製設計特殊的混元三教九流圖石刻。所謂混元，是把佛祖、老子、孔子儒釋道三教始祖的肖像混而為一，左看似孔子，右看似老子，中看又是佛祖。手捧「九流合一圖」。九流指春秋戰國的墨、農、醫、法、雜、名、陰陽、縱橫、小說等九家。這樣的圖案設計，正是所謂三教九流，體

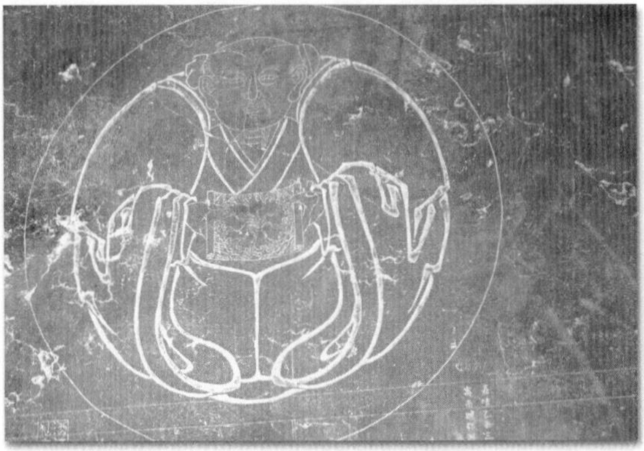

混元三教九流圖石刻

源合一，百家一理，萬法一門，饒有奇趣。

進山門後，一共七進院庭，分別為天王殿、大雄殿（此兩殿旁分別有鐘樓、鼓樓、六祖堂及金柳羅王殿）、藏經閣、方丈室、立雪亭、白衣殿、千佛殿。各殿供奉與其他寺院大同小異，惟獨「藏經閣」在金庸經典中屢見不鮮，令人聯想無限。

當年達摩自號「南天竺一乘宗」，教外別傳，在少林以《楞伽經》四卷傳授大乘佛法，到了六祖慧能，大放異采。少林寺歷代藏經甚豐，包括達摩祖師供奉的《楞伽經》。及遭火燹，藏經盡毀，後遂以佛學經典《大藏經》為主力收藏。但以藏書而言，乏善可陳。

然而對於藏經閣的聯想，卻不可同日而語。金庸《倚天屠龍記》開首獨闢章回，《神鵰俠侶》過後，郭襄思念楊過，到處尋覓，皆不見俠侶蹤跡。只好獨上少林，卻碰到數十年均在藏經閣管書，迂腐卻又武功高強的僧人覺遠及他的徒弟張君寶（即後來武當派開山祖師張三丰）。其中郭襄與無色禪師對打一段描寫，真是出神入化，熔文事武功於一爐。也正是覺遠在藏經閣無書不讀，竟然讀到「達摩老祖在親筆所抄的《楞伽經》行縫之間又寫著一部《九陽真經》，他只道這是強身體健之術，便依照經中所示修習。他師徒倆不經旁人傳授，不知不覺間竟達到了天下一流高手的境界。」閱到以上一段，又如何不對少林寺的藏經閣肅然起敬，神為之往？

立雪亭旁有一對聯，上寫「禪宗初祖天竺僧，斷臂求法立雪人」，當是寫達摩收二祖慧可的故事。二祖當年為求安心之法，立雪終夜，斷臂求法，終於明白本來應無心，亦無心可安的道理。是故「由愛故生憂，由愛故生怖，若離於愛者，無憂亦無怖」。

千佛殿是寺中最後一重大殿，檐下懸掛「西方聖人」牌匾。此殿為當年僧人習武之地，青磚鋪成的地面竟出現有無數寺僧長期練武站樁時留下幾十個凹陷的腳坑，深約二十公分。另有大型明代壁繪的「五百羅漢朝毗盧」壁畫，現已修復完畢，為鎮寺之寶。

藏經閣

少林寺附近，尚有名勝塔林，為歷代少林高僧圓寂後放置骨灰的墓塔區。因這二百三十餘座自唐代（內又以明代古塔最多）開始的磚塔散布有如叢林，遂稱塔林，是少林寺標誌之一。塔又稱「浮屠」，塔形三、五、七層不等，視僧人而定，七級的浮屠，僧人地位就很高了。塔座多用普通磚或琉璃瓦砌，簡樸肅穆。

遊完少林寺，附近太室山麓，子晉峰下的永泰寺可以憩息用餐。永泰寺建於北魏，原名明煉寺，為一尼庵。北魏正光二年（五二一），宣武帝的女兒永泰公主出家為尼，到了唐代遂名永泰寺。該寺是佛教禪宗傳入中國後營建的第一座女僧寺院，也是現存始建年代最早的尼僧佛寺。

塔林

永泰寺

西蜀行

——從成都到劍閣

看故宮的宋人仿唐絹畫「明皇幸蜀圖」，畫內雲霧繚繞、山岳巍峨，明皇華服輕裝，蜀道上騎著束纏三花絡馬鬃的褐色駿馬，後隨帶弓貼身侍衛，引領駱駝、馬匹、宮眷、輜重，迂迴馳行。畫中明皇馬匹，乍見小橋，驚駭不前。所有這些動作的描繪，僅占畫面右下方一角。

其他畫面盡是蜀中青綠山水，松林樹影、半坡棧道、奇岩怪石、雲霧繚繞、商旅行賈、或行或歇，落難的明皇躋身其中，倒似郊遊行樂，一點也未臨「噫吁巇，危乎高哉」的險峻，令人更憧憬西蜀的風景殊勝。唐宋與西域貿易密切，輸入大量石青、石綠繪畫原料，影響中國山水畫傳統著色風格，倍添亮麗。這方面與元明年間伊斯蘭國家輸入「蘇麻離」、

傳為唐人所作的絹本「明皇幸蜀圖」。觀諸其青綠復古筆法，應是宋元間作品。畫上乾隆題詩亦有「年陳失姓氏，北宋近乎唐」之評句

「回回青」等鈷青花釉料，造就了景德鎮青花瓷大盛，名震寰宇，如出一轍。

從劍閣到成都，又盡是《三國演義》的聯想。

該書第一一六、一一七回，分別有「鍾會分兵漢中道」、「鄧士載偷度陰平」，提到鄧艾自陰平繞道，避過劍門關，帶著三萬魏兵，至於巔崖峻谷之中，凡二十餘日，行數百里，紮數十寨，每寨留千兵，最後只賸二千兵馬，來到摩天嶺，見子鄧忠與

到了劍閣劍門關，方知何謂一夫當關，兩山斷裂處築成劍門關

劍門關城樓，歷來為兵家必爭之地

開路壯士盡皆哭泣。原來已前無去路，到了巔崖峻谷盡頭，不能開鑿。

鄧艾堅稱：過此便是江油（李白的故里），豈能前功盡棄？遂「取氈自裹其身，先滾下去。副將有氈衫者裹身滾下，無氈衫者用繩索束腰，攀木挂樹，魚貫而進。」於是曹軍繼搶江油城，陷涪城，取綿竹，兵臨成都城下，有如天降。

鄧艾冒粉身碎骨之險，繞一大段路避過劍門關（再北上就九寨溝了），就是要躲過這一夫當關，萬夫莫敵的天險，何況姜維尚有八萬大軍守在劍閣一帶。

沒到過劍閣，不知如此險絕多山，古蜀道迂迴穿行其間。到了劍閣北部的劍門關，方知何謂一夫當關。據記載，當年蜀丞相諸葛亮揮軍伐魏，路過大劍山，見到山勢險峻，易守難攻，遂令軍士鑿山岩、架飛樑、修棧道。孔明六出祁山，均曾在此屯糧，駐軍練兵。又在大劍山斷崖峭壁兩邊的峽谷隘口砌石為門，自成關樓，號稱劍門關。劍門關原來的古關城樓是三層翹角式箭樓，閣樓正中懸一橫匾，上書「天下雄關」。頂樓正中的匾額另題有「雄關天塹」，因有所謂「劍門天下雄」美譽，歷來為兵家必爭之地。李白〈蜀道難〉內更有「劍閣崢嶸而崔嵬，一夫當關，萬夫莫開。所守或匪親，化為狼與豺。朝避猛虎，夕避長蛇，磨牙吮血，殺人如麻」入木三分之句。

從劍門關到劍閣縣城的一段古驛道，兩旁植有八千餘株的古柏樹。這就是古今聞名的翠雲廊了。這條驛道至今仍迂迴轉折，與川陝公路若即若離，時而出現，時而隱蔽。其中有一段鋪著大石的古驛道古木參天、濃蔭掩日、蒼翠古柏、夾道成廊、有若雲彩，號「翠雲廊」。其中更有按不同長相而命名的古柏，如夫妻連理的「夫妻柏」、泰山壓頂的「泰山柏」、形似菩薩的「觀音柏」，其他尚有姐妹柏、望鄉柏。還有一株「太子柏」，後主劉禪降魏後被押入洛陽，躲其蔭下借此避雨而得名。

翠雲廊古柏參天 。 自劍門關到劍閣縣城的一段古驛道兩旁，種植有數千株的參天古柏

翠雲廊還有一段掌故。張飛當年為巴西太守，粗中有細，善政親民，一日行軍見兵士在烈日下揮汗如雨，心有不忍。遂命軍民廣植松柏，居然「上午植樹，下午成蔭」，這些柏樹自後遂名「張飛柏」。以上一段自是可愛的民間傳說，不能當真盡

信。倒是史書有載：明正德年間，劍州知州李壁整修驛道，命民夫遍植松柏。自後古柏遍地成長近萬株，據說當年李壁遺留下來的古柏至今尚存有二十餘株。

遊翠雲廊，一切傳說都是美麗，曾心有所感，得詩一首，其中一段這般寫道：

因為傳說非常傳神
所以翠雲廊繼續美麗：
古柏高聳入雲
有如泰山壓頂，
儘管世間夫妻難有佳偶
卻仍有柏樹連理相纏，
就連亡國之君
也有樹木遮雨擋風。

自成都可以赴閬中，一訪回教巴巴廟及張飛廟。當年兩支入川的馬姓回回，就在

古驛道以馬代步。遊人如倦於步行古驛道，可短途僱一馬來回遊覽

閬中定居，所建的清真寺到今尚存，苔痕墓石，古蹟斑斕；長廊屋檐下，有一株盆栽，在露水朝夕濕潤下，悄然生機盎然，居然已存活了三百多年。

閬中的張飛廟，據聞張飛被刺身首異處，後來軀骸與丈八蛇矛，就殮葬於斯。廟中錄存杜甫〈別房太尉墓〉一詩，內有「近淚無乾土，低空有斷雲」及「惟見林花落，鶯啼送客聞」等佳句。嘉陵江中游的閬中古城，有二千三百餘年歷史。杜甫兩次居閬，流寓長達一年零八個月，其間留詩六十餘首，其中〈閬水歌〉流傳最廣。詩內首句即云，「嘉陵江色何所似，石黛碧玉相因依」，詩中文字呈色如畫，令人誦之如見嘉陵江水色粼粼，有似玉石碧黛顏色。

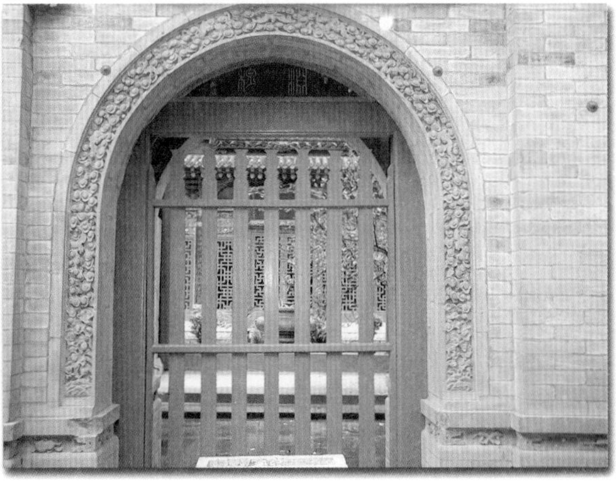

閬中回教巴巴廟

循綿竹自北部回成都，可一睹廣漢市的三星堆。自從一九九八年開始挖掘三星堆遺址後，隨著金沙等遺址相繼出土文物顯示，銅器時代以夏商為華夏中心的觀念開始被挑戰。化外之地亦有文化，三星堆即如是。

三星堆早在一九二九年農民車水灌溉時已曾挖出玉器，兩年後被一個英國牧師發現在廣漢的古遺址。但是要到一九八六年才在兩個祭祀坑裡挖出許多青銅器，包括神樹（高一百零七公分）、大立像（二百六十二公分）、縱目大面具、貼金人頭像、純黃金皮包捲的金杖、及大量玉器如玉璋、陶具等古文物。其數量之眾多、形制之獨特、本土色彩之濃厚，堪

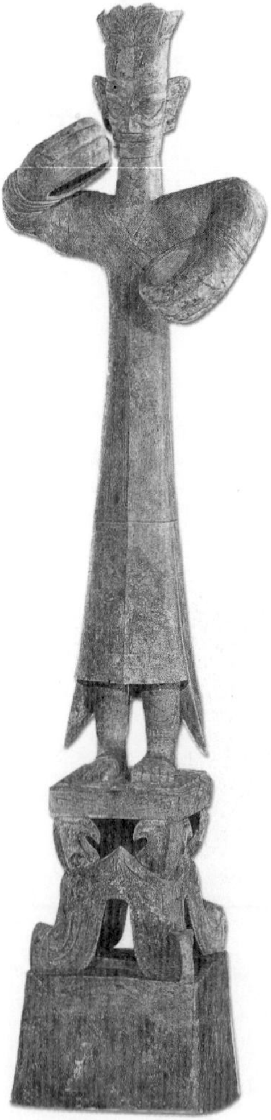

三星堆青銅大立像

三星堆貼金人頭面具

足顯示在夏商時期的成都平原，存有另一個高度發達的青銅文明。這個文明既有自己城址的政治中心體制，更有高度發達的青銅、黃金冶煉，玉石加工技術。由於青銅、玉石等禮器均牽涉中國古代的祭祀禮儀，三星堆出土的銅器一方面在體制紋飾（如獸面紋）上與中原文明重疊，但另一方面的形制圖騰，卻又另具地方神巫色彩而大異於中原。

除此以外，三星堆遺址更出土有多達四、五千枚原始貨幣的瑪瑙貝（money cowrie），分別藏在銅尊或罍內。雖然找不到像商代「七牛貯貝器」，或雲南出土的「五牛貯貝器」，但存有如此大量的貨貝卻也罕見。

二〇〇一年成都西郊又發現了另一個堪與三星並駕齊驅的「金沙」遺址，出土了一千多件青銅器、金器、玉器、象牙（有數噸之多）、石器。有一銅立人像，與三星堆如出一轍，金飾亦有金面具等物。由此可知，三星加金沙，可以證明古代西蜀有著另一古文明城邦，最後不知為何，遭受到兵燹或疾病災禍，遽然滅族消失無蹤，史書亦沒有記載。

四川抄手遠近馳名，從前臺北木柵農會附近有家「吳抄手」就很好吃。成都市春熙路南段的「龍抄手」是上世紀四十年代就已開辦的老店，店主當年與友人相聚於「濃花茶園」商議辦店事，無法定奪以誰名為抄手店號，遂取「濃花」的「濃」字諧音冠於抄手前，取名「龍」抄手。其店的清湯抄手、紅油抄手、酸辣抄手、海味抄手等均形似菱角、皮薄餡飽、入口爽滑、細嫩鮮香。

其他如總府街的「賴湯圓」用料講究、皮薄香甜；紅星路四段的「韓包子」皮軟如棉，餡肉湯汁淋漓，的確好吃。四川人有古風，喜歡以姓或地址作招牌，表示僅此一家，別無分號，譬如提督街就有三家食店，街口的「鍾水餃」、九十四號的「張涼粉」、一百零四號的「張鴨子」（半邊橋街另有一家「王胖鴨」），都是「姓」不虛傳。今天大陸人所皆知的梳子大王「譚木匠」譚傳華，也是出生在四川重慶市萬州農村。

說到正宗麻而不辣的川味小吃，除本是叫賣街頭的擔擔麵，及館子裡的麻婆豆腐（解放路二段就有一家很好吃的「陳麻婆豆腐」）或回鍋肉外，尚有許多典故軼聞的「水煮牛肉」及「夫妻肺片」。四川省本是全國生產食鹽最多的省分，南部自貢一帶盛產自流井鹽，據傳北宋年間均用牛隻拖轆牽車，常有年老役牛淘汰被宰，鹽工把牛肉切片先放在鹽水浸泡加辣椒、花椒煮熟取食，肉嫩鮮美，後代不斷研製改良，因為牛肉不是在鍋炒熟而是在辣湯水內煮熟的，是為「水煮牛肉」。

四川本產賢婦，古代就有當爐卓文君。就連德國現代戲劇大師布萊希特（Bertolt Brecht），也有一齣叫作「四川賢婦」(*The Good Women of Sichuan*, 1943) 的寓意戲劇。順理成章，川味小吃也有一味叫作「夫妻肺片」。抗戰年間，從三臺縣到成都學藝的郭朝華、張田正夫妻在長順街一帶擺擔攤，以麻辣香料泡製牛雜，包括牛心、牛舌、牛肚、牛肉，但並無牛肺，因為味道得宜、色澤紅亮、質地軟嫩、麻辣鮮香、大片而薄，大家都爭搶購食，也有頑皮學生把寫著「夫妻肺片」字條開玩笑偷貼在他們背後或擔攤上，日子久了，眾人皆呼此攤為「夫妻肺片」。

杜甫在七五九年避安史之亂攜眷來到成都，最初寄居在西郊的浣花溪寺，後在浣花溪畔闢地近畝，在樹齡有兩百年的大柟樹下築了一座茅舍，這就是今天的「杜甫草堂」的前世今生。杜甫在那兒居住了四年，詩創作有二百四十餘首，平均一年六十首，可算豐收。今天成都「杜甫草堂」是一個近三百畝的園林，保持著清嘉慶修葺後格局，內有詩史堂、工部祠、柴門與花徑，還有一座林蔭深處仿建有如英國莎士比亞故居的杜甫茅屋。二〇〇六年九月八日，詩人余光中曾來到杜甫草堂祭拜詩聖，在唐代遺址前認養了一棵「詩人樹」，並在樹旁為他的〈鄉愁〉一詩石刻碑揭幕。

旅遊一道，不識歷史文化，有如瞎子摸象，任隨導遊擺布，隨指隨看，人云亦云。

杜甫草堂的格調與主人心情，必須自杜詩中細尋。杜甫當年營建茅舍雖是居處簡陋，更需為衣食奔走，然詩心活潑，到處以詩代函，向友人索取需用物品，包括桃、梅、李等的果樹秧、松樹秧、綿竹，及三年即可成蔭的榿樹秧。就連碗盞也曾向友人韋班乞求，以詩答謝：

大邑燒瓷輕且堅，扣如哀玉錦城傳。
君家白碗勝霜雪，急送茅齋也可憐。

大邑在唐朝屬邛州臨邛郡管轄。清代藍浦《景德鎮陶錄》卷七〈蜀窯〉一節內提到杜甫這首詩，並指出：「唐時四川邛州之大邑所燒白瓷，體薄而堅致，色白聲清，為當時珍重。」更進一步評杜詩「首句美其質，次句美其聲，三句美其色。蜀

杜甫草堂南大門。杜甫在那兒居住了四年，詩創作有二百四十餘首

窯之佳已可想見。」短短幾句，道盡四川邛窯瓷器白淨堅薄之美妙，不輸南青北白、貴賤皆宜、器有「盈」字的邢州白窯。

詩人十載長安，加上四年兵戈戰亂流徙，終在草堂獲得棲身之所，其寧靜喜悅、舒坦安適，有如漁歌唱晚，一葉輕舟繫渡頭。真是「已知出郭少塵事，更有澄江銷客愁」。

武侯祠在成都市南門外，杜甫遊祠，除了出師未捷、英雄淚滿的佳句，尚有「丞相祠堂何處尋，錦官城外柏森森。映階碧草自春色，隔葉黃鸝空好音」。那時祠堂一定也如今日般林木蒼翠，松柏如雲。據云當年武侯祠前有柏一株，傳為諸葛亮手植。祠武侯後來與劉備合祀，繞向祠後西邊即是劉備墓，但真正的劉備墓應在白帝城。祠內文物，以「蜀漢丞相諸葛武侯祠堂碑」的唐碑最珍貴，在大門至二進間，高三百六十七公分，寬九十五公分，唐憲宗元和四年（八〇九）刻立，丞相裴度撰文，書法大家柳公權之兄柳公綽楷書，碑文書寫，既有顏體豐腴，亦有柳派飄逸，確是好字。此碑文章絕佳、書法碑刻絕妙、稱頌武侯的功德亦絕世，世稱「三絕碑」，確是絕世無雙。

殷墟與龍門

殷墟與龍門石窟，均位於河南。龍門在洛陽城南十三公里之遙，為中國四大石窟之一（其他為雲岡、敦煌、麥積山）。殷墟則在鄭州以北較遠僻的安陽市西北、洹河旁邊的小屯村，為中國古代商殷王朝的文化中心，更是甲骨文的發源地。

殷墟

1 殷墟的背景

所謂殷墟，原是西元前一三八四年商朝第二十位雄才偉略的君主盤庚，把商國都城從山東曲阜，遷回現河南安陽市洹河南畔的小屯村，古稱「北蒙」，又稱「殷」。《史記》有載，「自盤庚徙殷，至紂之滅，二百七十三年，更不徙都」。那就是說，基於軍事、政治、經濟、農業種種原因，商人遷都頻繁，

殷墟博物苑大門。殷墟遺址出土了大量的甲骨文、青銅器、玉石器等珍貴文物。其中尤以古代有系統書寫文字的甲骨文備受研究注目

前後凡十餘次。但自從盤庚遷都殷邑，一直到最後一個君主紂王的滅亡，凡兩百七十多年間，沒有遷徙過。盤庚後面的君主，其中還有一位起用奴隸傅說為丞相的武丁，是個賢明君主。

但是武丁以後的八位皇帝如祖庚、祖甲、武乙、文丁……都是長於安逸，只會畋遊飲宴，頹廢放縱的君主。到了最後一個帝辛，也就是大家熟悉《封神演義》內的紂王，更與寵妃妲己酒色荒淫，肉林炮烙，朝綱不振。西邊的周姓小族姬昌、姬發父子（周文王、武王）乘勢而起，西元前十一世紀，武王伐紂，聚諸侯於孟津結盟，揮大軍誓師牧野（今河南新鄉市外郊），直指殷都朝歌（見《尚書》的〈牧誓〉篇）。大敗紂王於商郊牧野，攻入城內，紂王自焚而死。武王滅商後，曾封紂子武庚於殷邑，惟武庚叛變，並為周公旦敉平，自後商人遷走，殷地夷為廢墟，是為殷墟。

2 殷墟與甲骨文字

中國歷史有所謂三皇五帝或石器時代的始源說，但發展入夏、商朝，很明顯已經由遊牧部落形成氏族社會。到了成湯滅了夏桀，建立了商王朝，建都於「亳」，就是今日河南省的偃師市，已經是一個封建制度的皇朝，有著完整諸侯官制的政治體系。極重要的是，由商入周，隨著流動畜牧轉入農業漁獵社會與民生穩定的發展，氏族傳子等宗法制度已日趨定型。在這方面，西周向商朝借鏡極多。《尚書》有〈洪範〉篇，內載武王滅殷後，訪紂王王叔箕子，詢及治國安民之道。箕子回答以九類法則，包括行政綱領及建立君權的法則。

但其中的第七類「稽疑」，就是要選擇設置一個卜筮的人，用龜甲或蓍草來占卜大事。所謂卜筮，即是以龜甲占曰卜，以蓍草占曰筮。倘若「汝則有大疑，謀及乃心，謀及卿士，謀及庶人，謀及卜筮。汝則從、龜從、筮從、卿士從、庶民從，是之謂大同；身在康彊，子孫其逢：吉。」

上面這段話就是說：你如果碰到大疑難之事，先在自己心裡考慮一下，然後與臣子公卿們商量、再向廣大民眾徵詢，最後就占卜看看。假若你贊同、龜卜贊同、筮占贊同、臣子贊同、庶民贊同，那就是意見一致相合的「大同」；你就必然身體康壽，子孫昌盛：吉祥如意。

古代甲骨占卜之法，是用龜腹甲或牛肩胛骨放在火上燒灼，形成裂紋，卜者就根據紋路以判吉凶，再把要卜之事及其結果用文字刻記在甲骨上，稱為卜辭。

就是因為刻在甲骨上的占卜象形文字，開啟了我們對中國文字起源的寶庫，更可自甲骨文字內容追溯許多商殷王事及社會習俗。但說起甲骨文字的被發現與研究，又不禁為許多百姓的無知而心有隱痛焉。

卻說十九世紀末的清朝末年，河南安陽小屯一帶便經常發現一些零碎出土的銅器及大量龜甲。大家都知道銅器頗值錢，但怕官府追究，大件器物不易出手，有時還敲開以零塊脫手。但在田間卻經常掘出大量所謂「龍骨」的龜甲，或一些動物脛骨，上刻圖形文字，不易分辨。這些「龍骨」也沒有什麼特別用途，只能賣給城裡的中藥店，磨碎做止血的刀創藥，另一大部分則賣去京城的中藥店以「龜版」作合藥用。有時甚至因文字礙眼，許多安陽的中藥店都不收購帶字「龍骨」，農民只好先用刀刮去文字才賣給藥店。一直到清光緒二十五年（一八九九），山東濰坊古董商范維卿到安陽小屯收購文物，順便也買了一些帶有文字的「龍骨」，帶到京城給他的山東同鄉老主顧，時任清朝國子監祭酒的王懿榮鑑證一下。王以其深厚的國學與古文基礎，發現甲骨文字是後來才刻上去的，非比尋常，於是便大量購置收藏。

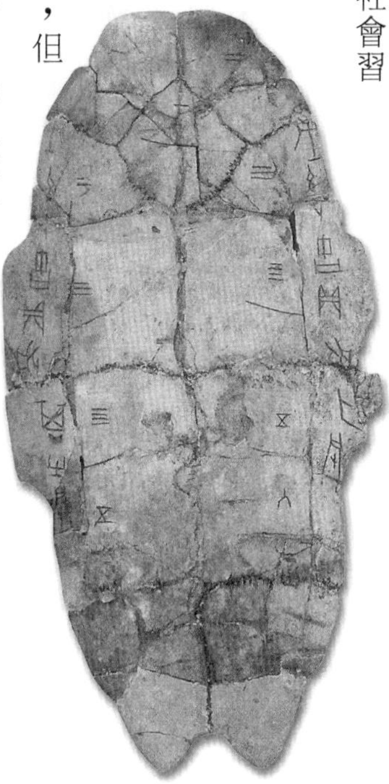

殷墟完整龜骨文字

另一說則謂寫《老殘遊記》的劉鶚，有一天往訪王懿榮，王正患病吃中藥，藥內有龜版，被劉瞥見，仔細觀看，發現上刻文字，遂開始大量搜藏研究。一九〇三年，劉鶚把他與王懿榮共同收藏的甲骨一千零五十八片整理好，著述出版成六冊的《鐵雲藏龜》，為甲骨文被發現後的第一本著作。後人大型著錄則包括有大陸郭沫若主編的《甲骨文合集》十三冊，臺灣嚴一萍的《甲骨學》及《商周甲骨文總集》十六冊。其他著述極多，學者如胡厚宣、陳夢家、李學勤、容庚、李孝定、香港中文大學的饒宗頤、UC Berkeley的吉德煒 (David N. Keightley)、日本京都大學甲骨學家貝塚茂樹、伊藤道治等人都有很大貢獻。

掉筆再轉回王懿榮與劉鶚，隨著他們倆人之後，還有羅振玉、王國維、董作賓、郭沫若、梁思永、李濟等人藉對甲骨文傑出的整理與發現，改寫一些歷史文載的錯誤。其中董作賓於一九二八年負中央研究院史語所所長傅斯年之託，親赴安陽小屯，以團隊精神做實地調查，揭開發掘殷墟、田野考古的歷史序幕。自民國十七年（一九二八）到民國二十六年（一九三七）間，一共出土兩萬五千片有文字的甲骨。

後來董又指出，單憑這些甲骨的「地下資料」來研究殷商王朝還是不夠的。在一本董氏演講紀錄的小冊子《中國古代文化的認識》內，他除了強調從盤庚遷殷到帝辛，一共有十二個商王以安陽小屯村作為首都外，他們的卜辭也不能代表王朝一切的政治措施或全部文化。所以處理卜辭，不能好高騖遠，以偏概全。「如果我們把貞卜的事項，多的、少的平均起來，算它占著當時文化十分之一，所有出土的甲骨文字，又占那時候卜辭全數的一半，這號稱十萬片的卜辭，我們現在能見能用的又不到五分之一，就這樣「從寬」估計，那末甲骨文字所能代表的殷代文化，也不過百分之一。用這百分之一的材料，卻希望能寫出百分之百的殷代文化史，那豈不是做夢？」

哈佛大學的張光直亦呼應這種看法，他在《古代中國考古》(*The Archaeology of Ancient China*) 一書內曾指出現今考古確定，安陽只是殷商遺址之一，而殷墟文化只是商朝文化的一部分。但董作賓又隨即指出，古代流傳下來的紙上史料，從晚殷到西周，卻比甲骨文或銘刻在青銅器上的金文更貧乏。「所以甲骨金文，一版一器，仍然都不失為研究中國古代文化的瑰寶」。

3 卜辭舉隅

多年來臺北外雙溪的故宮博物院均另闢專室，長期展出各類甲骨及商周青銅器，以及刻在上面的甲骨文或金文。西周銅器中有銘文多達三百五十七字著名的散氏盤，或內含一百二十三字的宗周鐘，或高達五百字的毛公鼎，都因銘刻在上的金文而令人追蹤史實，興致盎然。

其中展出有一塊殷墟甲骨，是商王武丁妻子婦好要臨盆的占卜。這片辭例完整的甲骨，現藏於臺灣中央研究院歷史語言研究所（殷墟文字丙編二四七），內含正反兩種問卜之例。反問之例文字如下：

甲申卜，㱿貞：婦好娩，不其嘉？

三旬又一日，甲寅娩。

女惟，不嘉。

（甲申這天占卜，㱿問說：婦好要分娩了，不好嗎？

經過三十又一天，婦好在甲寅日分娩。

不好，生了女生。）

正問之例文字如下：

甲申卜，𣪊貞：婦好娩，嘉？

王占曰：其惟丁娩，嘉。其唯庚娩，引吉。

三旬又一日，甲寅娩，不嘉，惟女。

（甲申這天占卜，𣪊問說：婦好要分娩了，好嗎？

王根據卜兆預言說：如在丁日分娩，很好。如在庚日分娩，吉利。

經過三十又一天，婦好在甲寅日分娩，不好，生了女生。）

上面正反兩問大同小異，分別刻在甲骨兩邊，是一項完整的占卜紀錄。這片甲骨同時顯示，殷代已為父系社會，家族制度基本上重男輕女，卜辭中常見生了男孩，便「嘉」，生了女孩，便「不嘉」。另又實行族外婚制，立為后者，有子繼位，死後即立廟主，可享祭祀，但嫡后只限一人。皇后妃嬪統稱為「婦」，婦皆有姓或名，如上面的婦好，就是武丁一名叫「好」的妃嬪。殷墟甲骨，另又有婦姘、婦龐、婦楚等六十餘人的妃嬪名字。

殷代除了文字發明，還有高度天文學及計算知識。商朝曆法，一年（稱為「祀」）有三百六十五又四分之一天，大月三十天，小月二十九天。記日則用天干地支。

4 殷墟其他重要發掘

由於學術界對殷墟的重視，近數十年來發掘的出土器物，包括銅器（其中亦有於一九三九年農民掘出重達八百七十五公斤的司母戊大方鼎，現存北京國家博物館）、玉石器、石器、石雕、象牙器、白陶器皿（譬如一九三四－一九三五發掘的侯家莊一〇〇一號殷商帝王大墓）都帶來令人鼓舞的重大發現。

由於建築基址、礎石、水溝渠道的發見，一九八七年隨著「殷墟博物苑」的建設，考古學及古建築學家們仿建還原出一系列的宮殿、房舍建築群，以供觀賞、學習、覽遊之用。所謂「殷人重屋，堂修七尋，堂崇三尺，四阿重屋」（《考工記》），真是屋舍儼然，茅頂重檐。但是許多收藏以及研究計畫，都在附近不遠不對外開放的社科院考古工作室進行。

倒是在發掘宮殿區址時，發現的墓葬群，其中有所謂的祭祀坑，屍骨無數，令人目不忍睹。殷商社會是奴隸社會，以奴隸及牲口馬匹兵車作為陪葬，因而發掘出所謂的「車馬坑」。據報導，其中五乘貴族殉葬車馬坑於二〇〇五年六月搬遷入殷墟博物苑內，這些馬車內外，都排列著完整的人骨和馬獸骨，白骨皚皚，千年如雪。

車馬坑。馬車前座有駿馬骸骨，後座有御車奴隸骸骨

人們也許會奇怪木製的馬車，為何三千三百多年後不朽？其實早就腐朽了，但鬼使神差，由於埋藏在土內，發掘時又極具巧思，把泥土與整座馬車像切豆腐一樣，切成一個方塊泥堆，用起重機移入屋內，放在一個穩固的水泥地基，然後再仔細剔掉泥土。最重要的是，保留一層薄薄泥土層在早已枯朽的木製馬車上，形成一種天然的保護膜，還原出馬車及骨殖排列原貌，所以馬車看來布滿一片黃泥土。據云其中一輛馬車殉葬奴隸原專為替主公墊腳上車，主公死後，他亦在陪葬之列，以替主公鬼魂墊腳。

一九七六年，殷墟發掘出極具突破性的婦好墓。它的完整及未被盜掘，使得出土文物無比豐收。婦好就是前述商王武丁的妻子，能武，曾替商王出征平定羌亂，所以隨葬器物除青銅、玉石、象牙杯、陶塑外，還有一百三十四件兵器，包括有極為精美的雙虎食人圖案青銅鉞、戈、鏃等。

婦好墓還出土了最具特色的四面銅鏡，把製造青銅鏡的精緻期起源推前向西元前十七世紀的商代（齊家文化的七角、三角紋銅鏡粗簡只能算是孕育期）。這四面鏡的鏡背紋飾有兩種：一種是葉脈紋鏡，鏡背設高橋形鈕座，由中心向鏡緣飾以放射線條，形成二十個長條形格，有似太陽光芒普照，格內再飾以葉脈紋，鏡緣一圈全部配以小乳釘。另一種鏡背密麻飾以同心圓，內填細密的短線紋，亦如日光放射，光芒四散。

殷人愛玉，殷墟一共出土玉器二千餘件（不包括盜掘及毀壞），婦好墓即占七百五十五件。這些玉器無論選料、開料、造型、琢紋、鉆孔、拋光等工藝皆屬上乘，其中的跪坐人、玉怪鳥、玉玦、玉簋、玉龍、玉鳳都是精品。

至於殷墟各處出土的銅器更琳琅滿目，陵墓發掘所得，均是成組銅器，工藝極高，禮器、酒器數量之眾多，製作之精巧，均顯示出一個銅器極盛時代，帶入周朝的模仿學習，進而驅使戰國銅器百花齊放，均肇始自商代這個鼎盛的皇朝。所以研究銅器必須研究及一訪殷墟，有如朝聖之旅。換句話說，研究文化藝術，必須要跳越朝代分期，用一種宏觀透視去觀看整個時代的來龍去

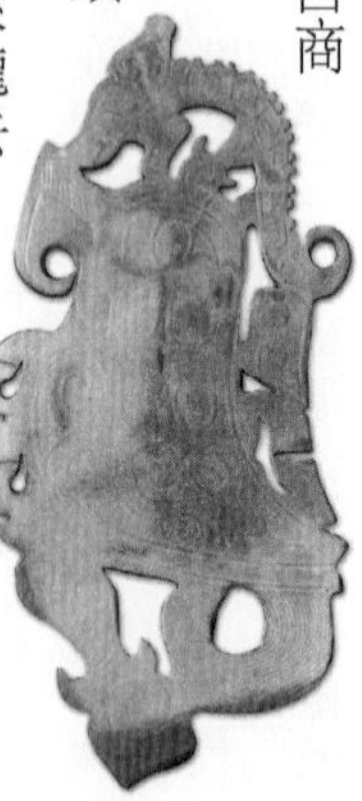
商玉鳥紋珮。珮者，佩也。玉鳥身上雕有羽狀紋，造型奇特，上龍下梟，應為商代早期圖騰，以保佩者吉祥

脈。春秋戰國青銅大放異采，主要源始自商朝王國版圖之大，文事武功之盛，工藝技術不斷探索與改良，自非一朝一夕所能臻達。李濟先生在《中國文明的開始——安陽出土舉隅三講》(*The Beginnings of Chinese Civilization: Three Lectures Illustrated with Finds at Anyang*) 一書內語重心長地指出，中國的青銅工業自非上天所賜，而是慢慢一步一步發展出來的。

及至商朝衰落，為陝西一個周姓諸侯小國所滅，天命如此，氣數難逃。但是百足之蟲，實非一個勤勞的西岐小族所能相比。武王滅紂後，西周帝國勢力亦只東進河南取得中心位置而已，對於廣袤眾多的商代土地遺民及其他諸侯國，均無法操縱。從武王始到西周末的宣王止，都在把周無法控制的國土分封給姻戚功臣，多達一百七十多國，讓他們以新的武力與移民力量取代舊的體制社會，形成另一批新型的諸侯

商犧首乳釘紋罍 。 圓罍以羚羊犧首分置四方作提手用，罍腹遍植乳釘，防滑手，利捧接。紋飾細密

商雲雷紋召卣 。 卣為中型盛酒器，盛行於商周。多帶提梁，所以又稱「提梁卣」。此卣可見商代青銅工藝之精美

戰國。但在工藝技術上的傳承因襲，則亦步亦趨商朝制式，臻達成熟。及至周室衰微，戰國群雄並起，七國崛興，為了「顛覆」對周王朝中央政府的向心傾向，戰國在文化藝術的突破表現，極具「本土」離心地方風格。青銅器皿如酒器食器方面，別具巧思（湖北武漢的曾侯乙墓及湖南長沙的馬王堆墓可見一斑）。

5 袁　林

安陽市內有「袁林」。「袁林」就是袁世凱的墓園，袁死於一九一六年，入殮時頭戴天平冠，身披祭天黃袍，皇帝大夢猶自未醒。陵園於一九一八年完工，占地一百四十畝，花費七十三餘萬銀元，儼如帝皇陵寢。入門後有一大段林蔭夾道的神路，神路兩旁對立著華表、石馬、石虎、石獅、石雕武將（酷肖袁本人的大元帥石雕像）、石雕文臣。其墓塚則仿美國第十八

袁墓。墓塚仿美國第十八任總統格蘭依河而建的廬墓，極堅固，文革紅衛兵沒能把一公尺多厚的鋼筋水泥加固的墓穴掘開

任總統格蘭依河而建的廬墓，極堅固，文革紅衛兵沒能把用一公尺多厚的鋼筋水泥加固的墓穴掘開。袁林建築中西合璧，大鐵門據云來自德國訂製。

龍門

1 龍門石窟的由來

龍門在洛陽以南近郊，它主要是指自北魏在西元四九四年開始，在伊川兩岸山壁而建的佛教石窟群，與敦煌、雲岡並列為三大石刻藝術寶藏。伊水兩岸分東、西兩山，山邊石窟大小數以千計。大部分集聚在西山（龍門山）從北魏到唐宋的石窟群，東山（香山）則全為建於唐代的石窟。

因為東、西兩山有如一座天然闕門夾住伊水，所謂「兩山相對，望之若闕，伊水歷其間北流」（酈道元《水經注》卷十五），古代遂名「伊闕」。又因此處位在帝王之都洛陽南面門戶，帝者龍也，自隋代始，亦名「龍門」。

太和十八年（四九四），北魏孝文帝高瞻遠矚，斷然自平城（山西大同）遷都入河南洛陽，加速漢化，緩和漢與鮮卑兩族的對立矛盾。這種外族融入漢族的特徵，在宗教藝術中尤其顯著。佛教石窟雕刻藝術的光輝，遂從山西雲岡轉照入洛陽龍門。

欣賞佛教石窟，必須注意佛像造型藝術，包括衣飾、肉髻、面相（前額、耳垂、眉目、鼻樑、雙唇、兩頰）、手印、身型、坐相、頂光、背光，以及佛在不同經文中所代表的不同精神。中國佛教來自印度，其佛像造型亦分有印度本土的「笈多」(Gupta)及西方希臘羅馬影響北印度的「犍陀羅」(Ghandara)風格。這兩種風格影響中國極大，「笈多」造型披袒右肩，衣褶輕盈，薄紗貼體，發展入北齊成為透明濕漉的「曹衣出水」。「犍陀羅」本在西方強調固定真實感，是一種時空清晰強烈的敘述。但自六朝發展入唐宋，尤其是菩薩造型，卻演變成流線型的「形外之意」，「以形寫神」，極為精緻飄逸。

龍門石窟從北朝的北魏、東西魏、北齊、北周，發展入隋唐五代，直至北宋，前後四百餘年，窟龕二千多座，造像十餘萬尊。魏晉南北朝間，南朝有晉遺風，重繪畫。北朝則崇釋佛，重石刻，明顯看出外族漢化的藝術承襲過程。北魏期間的造像風格，有所謂「褒衣博帶」，袈裟對襟，內衣束帶下垂，瀟灑飄逸，實原為漢族寬袍大袖、大冠高履的北方衣冠服飾，極有感染力。另又有「秀骨清像」的素描風格，原是唐朝張懷瓘對南朝畫師陸探微的評語，為六朝人物畫的風格典型。在雕塑而言，特指面相瘦長，削肩，體態修長，氣朗清逸，風采翩翩的士人寫照，也是鮮卑族人繼承南朝漢人藝術畫風為其文化楷模的成果。

龍門名窟，氣象萬千。美中不足者為許多石像斷首缺掌，殘缺不全，處處皆是。其中賓陽三洞的中洞及奉先寺大型群像，為龍門石窟的典型造像。

2 賓陽三洞（中洞）

孝文帝在洛陽信奉佛教，但因在漢化過程中推行儒政，佛教建築雕塑，尚未一展身手。及至其子宣武帝於西元四九九年，佛教藝術大放異采。賓陽三洞建於西元五〇〇—五二三年，為宣武帝替其亡父母——孝文帝及文昭皇太后做功德所興建的三窟一組的窟龕。但在前後二十四年營造期間，只完成了賓陽中洞。其他二洞，要到隋唐間才完成。

雖然如此，賓陽中洞氣度恢弘，內涵豐碩，堪足為中國六世紀石雕藝術的典型風範。洞口入門外兩側各有一屋龕，內分置力士一尊，左側已歷損不堪辨識，看釘鑿刀斧痕，多半強盜所為。右側力士雖為風沙所蝕，形態尚在，頂冠帔巾，下束戰袍，左手握杵，右手五指於胸脅處張開如護法加持，或拒或迎，端視入洞訪者心中所念，為善為惡，善者迎，惡者拒。

洞內正壁五尊，主佛為釋迦牟尼，半跏趺端坐中央，衣褶線條單調流暢，手施大無畏印，面頰修長清秀，唇帶微笑，和藹慈祥，鼻翼闊大，不算挺直。迦葉、阿

賓陽中洞左側力士。歷損不堪辨識，看釘鑿刀斧痕，多半強盜所為

賓陽中洞右側持杵金剛力士。左手握杵，右手五指於胸脅處張開如護法加持，端視入洞訪者心中所念，善者迎，惡者拒

難二弟子和文殊、普賢二菩薩侍立左右兩側。迦葉為年長婆羅門，濃眉高鼻，面相肅穆，老成持重。阿難形相年輕，開朗灑脫。佛像衣飾已自早期笈多的袒露右肩和通肩式，變為褒衣博帶式，是孝文帝實行漢化政策在石刻藝術上的反映。洞頂雕有蓮花寶蓋，周圍雕著飄逸脫俗的伎樂天人和供養天人。

賓陽中洞佛陀。傳承自雲岡石窟，用「平刀」階級式刻法，此為北魏典型風格

五尊外側南北兩壁又各有一組三尊立佛——包括有一尊站立佛及兩尊脅侍菩薩。但南壁左右脅侍菩薩頭部現藏於日本大阪市立美術館，北壁左右脅侍菩薩頭部現藏於日本東京國立博物館。

洞口門道前壁兩側原有三層極為富麗堂皇的石刻浮雕，栩栩如生，有若圖畫，但現僅存上面兩層。最上第一層為「維摩詰經變像」，占上層所有石壁空間，分別一邊浮雕著維摩詰居士斜倚几帳內，手持羽扇，一副清秀書生模樣。他面對石壁另一邊端坐蓮花座上的文殊菩薩，圍繞著舍利弗和其他供養菩薩的弟子們。居士綸巾羽扇，辯才無礙，眾生有病即我病。浮雕人物衣飾亦是典型北魏「褒衣博帶」的造型風格。

中第二層兩側石壁分雕佛祖「本生」故事，亦即佛祖前世事跡。此處北壁為「薩埵太子捨身飼虎圖」，南壁為「悉達多太子施捨圖」。這些故事均為信徒熟悉，敘述力強，用連環圖象表現，極為傳神。因是大家熟悉故事，觀賞時更能有餘暇欣賞細看藝術家的雕繪表現，包括用魏晉時代繪畫手法表現的山水樹石背景。

中洞浮雕上兩層。上層為文殊「問疾維摩」的故事，下層為薩埵太子捨身飼虎圖

下第三層最為可惜，全部消失不見。此兩壁原為兩幅大型浮雕人物圖。分別為「皇帝禮佛圖」和「皇后禮佛圖」，雕刻精美，是古代雕刻藝術的傳世之作。可惜這

兩幅珍品已於一九三四年被不法奸商盜往海外。現分存美國紐約大都會博物館及堪薩斯州的納爾遜博物館。

這些劣行近百年來早已見怪不怪。美國《洛杉磯時報》於二〇〇五年九月二十五日頭版專題報導，洛杉磯最負盛名的蓋蒂博物館（J. Paul Getty Museum）被捲入明知故犯購買、收藏贓貨官司。館藏有意大利一百零五件文物精品，竟有五十四件是多年盜賣文物贓貨的古董商人（行內術語叫他們做「黑賊」（fence））穿針引線所為。意大利政府要求歸還其中在意國地下或海底盜掘的四十二件骨董，包括繪圖精美奐麗的骨灰甕、雙耳瓶罐及一座阿波羅石雕神像。

3 禮佛圖被盜經過

南京藝術學院林樹中教授曾在訪問中有下面一段對話：

南方周末：聽說您把這麼多年掙到的錢都用到在海外搜尋國寶的工作上了，自己節衣縮食，住著簡房陋屋，吃著粗茶淡飯。為什麼這麼做呢？

林樹中：一九八五年秋，我應邀去美國密執安大學做客座教授，講授中國繪畫史，同時考察歐美藝術史。在那裡一年，我經常在講課之餘參觀美國的各大博物館，被美國人收藏的中國歷代書畫精品震撼。在納爾遜美術館，我親眼目睹了從河南洛陽盜去的殘缺破損的「孝文帝禮佛圖」和「文昭皇太后禮佛圖」的浮雕。這些浮雕是北魏朝廷耗巨資選派國內能工巧匠雕刻的。當年美國古董商普愛倫到中國發現這些浮雕，用照相機拍下來，找到北京琉璃廠彬記古董商岳彬，雙方簽訂協議書，岳彬勾結洛陽古董商馬龍圖，聯絡當地保甲長和土匪把浮雕鑿下來，鑿成碎塊，用麻袋運往北京，又在北京拼接後運往美國。這件浮雕在美國展出時已經是千瘡百孔。一九五二年，在北京炭兒胡同彬記古玩鋪內發現了彬記與普愛倫簽訂的掠奪「帝后禮佛圖」浮雕的合同，此事震怒了中國文物界，三百餘名知名人士聯合要求嚴懲奸商岳彬，岳彬被判死刑，緩期兩年，後病死獄中。一九八

皇后禮佛圖。國寶流失，華夏蒙羞。據云現存美國堪薩斯州的納爾遜博物館

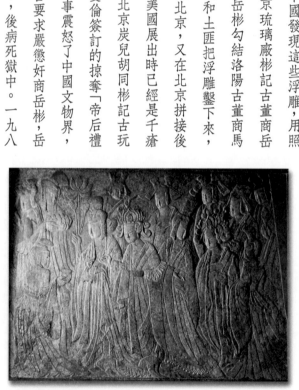

五年，我看到這些遍體鱗傷的浮雕時，內心受到強烈的衝擊，那些飄零在異國的藝術珍品總讓我們記起國家在貧弱時被欺凌掠奪的恥辱。

岳彬就是本文前面提到的「黑賊」。其盜鑿交易經過可見於下面他與普愛倫簽訂的祕密合同：

立合同人普愛倫、彬記。今普君買到彬記石頭平紋人圍屏像拾玖件，議定價洋一萬四千元。該約定立之日為第一期，普君當即由彬記取走平像人頭六件，作價洋四千元，該款彬記刻已收到。至第二期，彬記應再交普君十三件之頭。如彬記能可一次交齊，普君則再付彬記價款六千，如是，人頭分兩次交齊，而該六千價款，亦分二期交付，每次三千。至與（於）全部平像身子，如彬記能一次交齊，而普君再付彬記價款四千。如是，該身仍分兩次交齊，而此四千價款，亦分兩期，每期二千。以上之貨，統計價洋一萬四千元。至與（於）日後下存應交之貨何年運下及長短時間，不能軌（規）定。倘該貨日後發生意外，即特種情形不能起運，則該合同即行作廢，不再有效。此乃雙方同意，各無返（反）悔，空口無憑，立此合同為證。

也就是說，岳彬把「皇帝禮佛圖」和「皇后禮佛圖」全部石刻浮雕自石壁刮削下來，敲碎成十九大件，化整為零，以一萬四千銀元的代價，喪心病狂賣給普愛倫。試想浮雕一經敲開，則日後無論如何拼湊，褒衣寬帶、秀骨清像之餘，已非原貌。

但話又說回來，現存堪薩斯城納爾遜博物館的「皇后禮佛圖」復原拼湊技術高明，驟眼看來，除了歲月斑駁痕跡，其他均如若原貌。倒是現存紐約大都會博物館的「皇帝禮佛圖」復原較差，補砌明顯。許多隨行作為背景人物的朝臣只見頭部雕塑，有些殘缺不堪，臉型丕變，身體衣袍部分則蕩然無存。林樹中教授百孔千瘡的感慨，一是來自他強烈的民族情感，二應是指現存紐約大都會博物館的「皇帝禮佛圖」而言。

據云真正參與盜鑿文物的只有三種人，一為外國的文物商人，即普愛倫，二是中國的文物販子，即岳彬，三就是利欲薰心的當地流氓或農民。一般百姓基於宗教信仰，多不敢做此毀佛傷天之事。普愛倫不知何許人也，據聞曾任美國紐約市藝術博物館東方部主任，待查證。但堪薩斯州由報業大王William Rockhill Nelson早年成立的Nelson Gallery，倒因出身哈佛燕京的希克曼（Laurence Sickman，後為納爾遜博物館館長）得到當年跟隨同是哈佛出身的考古學者華爾納 (Langdon Warner) 在華時的協助，搜購文物古畫不遺餘力，至今仍為中國宋朝繪畫收藏重鎮。

這兩幅浮雕對中國藝術發展史研究損失之大，無可估計。北朝石刻禮佛風格，無論構圖設計，人物魚貫行列，冠帶衣飾，承前啟後。前接晉代、南北朝顧愷之、陸探微、張僧繇所謂「六朝三大家」畫風，後啟唐宋名家，世稱「吳帶當風」盛唐吳道子的「八十七神仙圖卷」及北宋武宗元的「朝元仙仗圖」。

二〇〇二年十二月九日，紐約大都會博物館、巴黎羅浮宮、馬德里普拉杜博物館等十八家歐美博物館館長簽署聯合聲明，表示反對將館內既有的藝術收藏品，特別是古代文物，歸還給原有國家。該聲明在全世界引起了激烈的反應。

4 奉先寺大型群像

奉先寺的盧舍那佛群像，是當今龍門石窟最具代表性的唐代大型雕塑組合。這九尊大像開鑿於西元六七二年，花

奉先寺的盧舍那佛群像，是當今龍門石窟最具代表性的唐代大型雕塑組合

了四年時間完成，共計有高達十七點一四公尺的盧舍那大佛，左右側立弟子伽葉、阿難。往外對邊兩側為脅侍菩薩文殊和普賢。最外邊南北兩壁，雕天王、力士像各一，但南壁二像今已崩塌，現僅餘北壁托塔天王及狰獰力士。所有石像全皆高達十公尺以上，氣勢恢宏，華麗莊嚴。

奉先寺南壁大佛右側有阿難、文殊菩薩二像。前者朗清，後者睿智

奉先寺南壁天王、力士二像今已崩塌

奉先寺北壁大佛左側迦葉像已半毀，現餘普賢菩薩、托塔天王及狰獰力士

奉先寺盧舍那大佛為《華嚴經》中的宇宙主佛，光明普照，「諸惡都盡，眾德悉備」。其造型是宗教藝術最完美的和諧

盧舍那大佛為《華嚴經》中的宇宙主佛，光明普照，「諸惡都盡，眾德悉備」。其造型是宗教藝術最完美的和諧。面相尤其秀麗，廣額豐頰，肉髻如波，眉如新月初升，鼻樑挺秀，耳垂福滿，兩目細長，俯視眾生，流露無限慈悲憫憐。雙唇豐厚，嘴角含笑不露，敦厚溫柔。

大佛結跏趺坐，衣褶大方簡潔，有笈多影響，胸腹弧形衣紋線條如垂掛纓絡，寶相莊嚴。傳說武則天捐脂粉錢二萬貫助建此寺，因而大佛面相，另有一種陰性嫵媚，酷似武后。觀諸早期山西大同雲岡石窟「曇曜五窟」內釋迦五大佛，各自酷肖北魏五帝，有例可循，也是可能。

龍門石窟對面東山香山寺下，有一座園林，叫「白園」，就是詩人白居易的墓園，可惜當年晚唐另一詩人李商隱為白所寫的墓誌銘刻石已不可覓。白居易二十九歲即中進士，少年得志洛都。但詩人個性率直剛正，憂民憂國，宦途不順，幾經貶謫，尤以江州司馬時，在潯陽江頭，夜聽琵琶，青衫盡濕，寫下傳誦千古的〈琵琶行〉。他的〈長恨歌〉更是無人不識。詩人晚年居洛陽十八年，重修香山寺，時與詩友劉禹錫、裴度等人詩酒風流，酬唱於香山、龍門的良辰美景：「空山寂靜老夫閒，伴鳥隨雲往復還。家醞滿瓶書滿架，半移生計入香山」（〈香山寺二絕其一〉）。這種晚年閒適、恬淡問道心境，也許正是每一個中國文人的理想與夢想。

白墓。墳前三柱香，案前一罈酒。日本古典文學紫式部《源氏物語》內之和歌，受白香山詩風影響

北上雁門・西出陽關

——雲岡、敦煌、麥積山三大石窟

1 雁門關北尋雲岡

雲岡石窟在山西省大同市附近的西武周山南麓，山麓最高的地方稱作雲岡，因而在此山麓上的石窟寺就被呼作雲岡石窟。中國四大石窟：雲岡、龍門、敦煌莫高、麥積山。雲岡首推第一，因為它興建於南北朝鮮卑族入主中原後北魏的文成帝和平年間（四六〇），不但延續了自漢朝引進印度佛教東傳的命脈，更開啟了佛教在中原河南大放異采的龍門石窟（北魏於四九四年遷都洛陽）。

北魏早年建都大同，古稱平城。大同在山西西北隅，已非常靠近內蒙自治區了。

北魏雖一向大建寺廟崇尚佛教，但早時太武帝亦曾一度（四四六）崇道抑佛，造成中國第一次的毀佛滅法運動。及至文成帝即位，下詔復尊佛法，在雲岡大事興建石窟，花了三十多年時間，主要大小洞窟共五十三窟，自東到西，長一公里，東

雲岡大門入口處。雲岡主要大小洞窟共五十三窟，自東到西，長一公里，東部四窟，中部九窟，西部四十窟，石雕像共五萬多尊

部四窟，中部九窟，西部四十窟，石雕像共五萬多尊，多為本地貴族仕女組成的「邑義」（宗教會社之類）所捐獻刻塑。酈道元《水經注》曾這般描述雲岡石窟興建的壯麗——「鑿石開山，因巖結構，真容巨壯，世法所希，山堂水殿，煙寺相望，林淵錦鏡，綴目所眺」。所謂真容巨壯，極為傳神。

雲岡諸窟，又以西部洞窟歷史最早，尤其第一六至二〇窟的「曇曜五窟」最具意義。曇曜為北魏著名的涼州禪師、也是當時文成帝的「沙門統」（統管寺廟的首座僧人），「曇曜五窟」的興建，彰顯著政治宗教的結合。五窟五佛，有似五佛五皇。佛祖形相，除三十二相八十種好外，還暗含北魏五個開國帝皇的貌相。也就有點像「天授神權」說，神權與皇權合一，隱含皇是神的化身，藉此烘托出帝皇的神聖身分。在這方面，龍門石窟奉先寺的盧舍那大佛隱含武則天形相，如出一轍。

雲岡諸窟，由東徂西，藝術成就極高，不可錯過東部（一—四）、中部（五—一三）諸窟許多褒衣博帶、或石刻或泥塑彩繪的佛祖菩薩。第五窟前為五間四層木築樓層，內為清順治八年（一六五一）所造的三世佛題材，北壁主佛高達十七公尺，據說膝上可站一百二十人。其佛貼金彩繪，褒衣典型、金面金身、氣勢雄偉、高大碩壯，背光之火燄紋直通窟頂，先聲奪人，號稱雲岡第一大佛，誠不虛言。

第一三窟交腳而坐的寶冠菩薩，右手施大無畏印，其附下另有四臂力士頂托，饒富別趣。其窟塑繪極是華麗，令人色光流轉，目不暇給。

分別以五佛代表北魏開國五帝——道武、明元、太武、景穆、文成的西部一六至二〇窟的「曇曜五窟」——更是最具歷史滄桑感。第二〇窟露天大佛，隱含開國道武帝形相，釋迦佛結跏趺坐（手部經已損毀），高髻寬額、長耳垂肩、雙目有神、鼻樑直削、薄唇上蓄八字鬍鬚，面帶微笑，偏袒右肩，袈衣線條流暢，有犍陀羅影響，法相拘謹莊嚴，慈祥寬厚，是典型的北魏造像。

第一六窟的大佛為釋迦立佛，隱

第五窟北壁主佛高達十七公尺，據說膝上可站一百二十人。其佛貼金彩繪，褒衣典型、金面金身、背光之火燄紋直通窟頂。號稱雲岡第一大佛

第一三窟交腳而坐的寶冠菩薩，右手施大無畏印，其肘下另有四臂力士頂托，饒富別趣

雲岡第六窟立佛，褒衣博帶，手施大無畏印，面相均為北魏造型風格

第一六窟的大佛為釋迦立佛，隱含文成帝形相，面型豐滿，褒衣博帶，有如魏晉六朝名士風範，結綬垂帶於前胸，並施大無畏手印

含文成帝形相，面型豐滿，褒衣博帶，有如魏晉六朝名士風範，結綬垂帶於前胸，並施大無畏手印。此窟東、南兩壁的佛龕均雕有交腳彌勒、盤膝對坐佛、脅侍菩薩及千尊小佛，並有天人如供養天、伎樂天手持笛、鼓、琵琶、手鈴、法螺等樂器。

第一六窟伎樂飛天手持笛、鼓、琵琶、手鈴、法螺等樂器

第一八窟為三世佛主題。釋迦主佛端然佇立，形相碩壯，所穿袈裟極為精細別緻，雕刻有千佛圖案在上身，惟年代遠久，多為風沙所侵蝕，千佛脫落甚多，極為可惜。其在主佛左側的高浮雕脅侍菩薩及弟子群像極

第一七窟飛天

為有名，尤其內中弟子垂目冥思、手印不一，恭敬歡喜之情，顯於臉色。其中有婆羅門深目高鼻，多被視為迦葉尊者。

第一八窟為三世佛主題。釋迦主佛端然佇立，形相碩壯，所穿袈裟極為精細別緻，雕刻有千佛圖案在上身，惟年代遠久，多為風沙所侵蝕

第一八窟脅侍菩薩

第一七窟伎樂飛天

第一八窟佛祖弟子大迦葉

第二〇窟露天大佛，隱含開國道武帝形相，釋迦佛結跏趺坐，偏袒右肩，袈裟線條流暢，有犍陀羅影響，是典型的北魏造像

到雲岡可以自陝西西安驅車北上、過黃河、經關關雎鳩河洲處的風陵渡入山西省。金庸《神鵰俠侶》內有一章〈風陵夜話〉，藉百姓在風陵渡夜宿客店的對話，引出一代神鵰大俠楊過，極是傳神，試看這一小段：

那文秀少女道：「原來他有妻子的，不知道為甚麼會在大海彼岸。他本領這樣高強，幹麼不渡海去找她啊？」那中年婦人道：「我表妹也這般問過他。他說道：『大海茫茫，不知到何方方能相見。』」那少女輕輕嘆道：「我料想這樣的人物，必是生具至性至情，果然不錯。」又問：「你表妹生得很俊罷？她心中暗暗的喜歡神鵰俠，是不是？」

那美貌少婦喝道：「二妹，你又在異想天開啦？」

閒話休提，如果自晉南一路北馳，看王家大院、喬家大院（電視劇「喬家大院」的喬致庸印象鮮明）、閻錫山故居，或

王家大院入門處

在平遙古城歇宿一宵，緬懷賈樟柯電影或走在西大街上，看中國第一家票號匯通天下聞名的「日昇昌」，聯想「白銀帝國」內的「天成元」；繼飲汾酒、吃刀削麵，山西麵食天下聞名。

再過雁門關，一路盡是塞北風光、碉堡與烽火臺，直去大同雲岡。看完雲岡，

平遙古城牆

雁門關留存的碉堡烽火臺

再轉回大同市內，有遼代契丹人興建的上下華嚴寺，寺內藏經殿（薄伽教藏殿）是今天唯一保存下來的遼代建築，內有二十九尊遼代彩塑，另又有在唐宋彩塑的十方菩薩，體態優美，氣韻生動，極是好看。

太原還有兩千多年歷史的古代園林典範——「晉祠」，祠內聖母殿有四十三尊（尤其內裡三十三尊侍女）彩塑極美的宋代彩色塑像。

華嚴寺露齒十方菩薩

華嚴寺十方菩薩

晉祠宋代彩塑捧印侍女

2 西出陽關入敦煌

敦煌與絲綢之路有密切關係，因此地為沙漠綠洲，經商行旅，均經常從此路過貿易或歇息——「通貨羌胡，市日數合」。敦煌重要性一如雲岡，它代表佛教自西域傳入中國過程中許多不可或缺的痕跡。尤其藏經洞被發現，更添增了中國宗教文學許多文獻（例如變文）及原始資料。

不談王道士與藏經洞，不談史坦因（Marc Aurel Stein）及伯希和（Paul Pelliot）如何騙走藏經洞的寶藏，也不追究美國人蘭敦・華爾納（Langdon Warner）與傑恩（Horace Jayne）如何

敦煌的鳴沙山、月牙泉。如詩如畫，有似人間仙境

月牙泉泉水有如一彎新月流淌

假借探究唐代壁畫顏料的化學成分，強行用膠水剝離破壞掉二十六幅敦煌唐代壁畫。我們看滄桑後的敦煌，它今天所擁有的，已很足夠很足夠去花一生或另一個世紀，來研究欣賞它的藝術與文化歷史內涵了。

莫高窟初建於前秦建元二年（三六六），據云有前秦僧人樂傳來到鳴沙山，夕陽西下，照得鳴沙一帶金光閃閃，有如千佛金身，於是便留在此地創佛龕建石窟，以供自己修行坐禪之用。其後十六國北朝有系統開建，北涼三窟或七窟都是敦煌開鑿最早的石窟，典型佛像是第二七五窟的彩塑交腳彌勒菩薩。

此彌勒菩薩交腳而坐，右手斷失，左手持與願手印，頭戴寶冠，披髮垂肩，瓔珞繞胸，身穿刻有衣褶的羊腰裙，面相豐滿，色彩簡明清朗，造型比例恰當均勻，明顯是印度佛教及西域藝術影響下的作品，極富時代意味。本來窟中菩薩不能代佛取主位而坐，然彌勒既為三生佛之未來佛，身分特殊，釋迦佛祖曾為此授記，佛四千歲後，彌勒菩薩將降生入世於龍華樹下成佛，以慈悲喜捨四無量心救世。故彌勒在許多敦煌洞窟稱佛亦稱菩薩，居主位。

佛涅槃成無上正覺相的臥佛有一四八、一五八兩窟。一五八窟的佛祖涅槃經變的壁畫極為壯麗豐富，讀《大涅槃經》才始明白十二比丘抬著佛祖棺槨由諸天護送前往荼毗，八大王聞訊率領兵馬前來爭奪佛祖舍利，互相激戰殺戮。

臥佛大型塑像在主室西壁佛壇側身枕右手而臥，左手下垂過膝，雙腳攏閣，有若寐寢，全長十六公尺，寶相寧靜祥和、莊嚴肅靜。頭髻波浪型，梳理妥貼，雙目似閤猶開，雙唇閉合，嘴角微翹，欲言又止，似笑未笑，整體面相，代表著一種美麗的完成。對比著波浪衣褶的袈裟起起伏伏，好像人間猶在苦海波濤起伏，佛祖已成無上正覺，解脫生死輪迴。這種雕塑藝術正是佛教自漢魏入傳至隋唐大盛後的輝煌標誌，一五八窟也代表著宗教在哲理演繹下的藝術體驗和處理。

敦煌一五八窟唐代雕塑涅槃臥佛，寶相寧靜祥和、雙目似閤猶開，雙唇閉合，嘴角微翹，欲言又止，整體面相，代表著一種美麗的完成

盛唐大佛尚有一三〇窟的石胎泥塑彌勒大佛，高達二十六公

尺，為敦煌第二大佛。此大佛因在窟內讓人膜拜，空間有限，在近距離中故意誇張其頭臉部的雕塑細節，再以窟洞外光照射，更添莊嚴神聖效果，極為壯觀。另外最高的佛像在九六窟，彩繪於武則天的西元六九五年，亦為石胎泥塑彌勒大佛，高近三十五點五公尺。

敦煌最具代表性的塑像窟為第四五窟，內有一佛二弟子二菩薩二天王二力士。佛祖居中，兩側分立阿難、迦葉，文殊、普賢及天王力士。

敦煌六窟初唐菩薩

二〇五窟初唐菩薩

壁畫方面，敦煌彩繪經變故事極多，包括有佛祖的「本生故事」、「因緣故事」、及用佛經故事繪製的「經變故事」等等。敦煌壁畫「飛天」、「伎樂」(一種天神)畫極多，姿態曼妙，或雙或單或成群飛舞，或獻或散各色花朵，精采多變，對音樂及樂器亦多有表現。

自敦煌出發也可倒遊河西走廊的嘉峪關、酒泉與張掖等地。嘉峪關為河西四郡最遠一郡，直達戈壁沙漠邊緣，亦是中國古長城最西的盡頭，也是河西走廊漢界的終點，出此就是大漠。

在茫茫大漠上興建一座巍偉矗立，樓廓飛檐，易守難攻，號稱天下第一雄關確不虛傳。據說當年修關民伕有好幾萬，每天用去六十里外黑山湖挑水的民伕就近三千人。冬日登臨城牆遠眺關外，但見白雪皚皚，戈壁祁連，一望無垠，駝馬散駐。遙望當年鐵馬金戈，匈奴大漠，令人壯與逸飛。

天下第一雄關——嘉峪關

酒泉因當年驃騎將軍霍去病擊敗匈奴，得武帝賜酒一罈，霍傾酒於泉與將士共飲，遂名酒泉，泉水現在市內酒泉公園。此地盛產祁連山玉製葡萄美酒夜光杯的小玉杯，杯體堅薄，傾酒於內，月色下光澤盈盈，遂稱夜光杯。

張掖則以全國最大的金裝彩繪泥塑臥佛聞名，大佛寺創建於西夏，寺內釋迦佛長達三十五公尺，身體各部分比例勻衡，神態安逸，雙目一線微張，似有所思，亦有所待，倍添冥想境界。

冬日登臨嘉峪關城牆遠眺關外，白雪皚皚，戈壁祁連，一望無垠，駝馬散駐

酒泉公園與霍去病將士塑像

3 煙雨迷濛上麥積

麥積山在甘肅天水（三國時諸葛亮六出祁山就以天水為基地），其營建與敦煌相似，因在絲綢之路，南北朝十六國的後秦時期（三八四－四一七）便已興建，歷經四大營建高峰期，即後秦開始期、北魏期、西魏期及北周期。麥積山環境多雨潮濕，地震頻屢，對壁畫保存極端不利。雖歷朝均有新建修復，自唐開元二十二年間（七三四）一次大地震後，麥積山石窟已開始式微。但迄南宋依然時有佳作，譬如第一六五窟的兩個供養貴婦人的彩色塑像，技巧嫻熟，栩栩如生，體態優美，神情生動。

麥積山因其頂形似積麥如圓錐堆，故稱麥積。其石窟獨特處在於許多石窟凌空開鑿於懸崖峭壁間，其險峭處，為其他三大

麥積山因其頂形似積麥如圓錐堆，故稱麥積

石窟所無。據云當初開鑿，是在山前砍木搭建架構直達山頂（高約一百五十餘公尺），由上往下雕塑，做完一層拆一層，一直做到地面。山上石窟間互有棧道淩空相連，共十二層。

麥積山石窟排名雖居四大石窟之末，然比諸處處封閉、處處申請、處處付費的

麥積山西崖大佛棧道

麥積山標誌是迎面峭壁上一座製於隋代、宋代重修的第一三窟石雕摩崖釋迦大坐佛，右普賢菩薩垂手持淨瓶，左文殊菩薩翻掌托蓮花

敦煌，麥積山的開放性與近觀細看，實有過之而無不及。當然四窟藝術內涵各自不同，無從比較，亦不應比較。然登臨麥積，人在此山，煙雨迷濛，另是一番感覺。

麥積山標誌是迎面峭壁上一座製於隋代、宋代重修的第一三窟石雕摩崖釋迦大坐佛，旁站兩尊脅侍菩薩。右普賢菩薩垂手持淨瓶，左文殊菩薩翻掌托蓮花。兩菩薩神情美妙，有似吃盡人間煙火，今日與世人遙遙相望，會心微笑。釋迦坐佛下身則已不堪風雨滄桑，脫落極多。

麥積山現存石窟一百九十四個，東崖五十四個，西崖一百四十個，泥塑石雕均有，惟因其石質不堪雕鑿，佛像大多泥塑或以石胎套泥，再彩色塑繪，因為泥土黏軟，可塑性極高，因而藝術感亦強。泥塑佛像菩薩本於唐代始大成，然麥積山因緣際會，早於南北朝便以泥塑取得很高的藝術成就，為其他三大石窟所無。

北周時秦州大都督李充信曾為其亡父在麥積山營建第四窟的七佛龕，寫〈哀江南賦〉的庾信曾為此撰有〈秦州天水郡麥積崖佛龕銘〉，表揚其孝行虔信。北周第四窟因而聲名大起，年代日久後，原來北周佛像早已蕩然無存，今天有者均是宋朝重修。其走廊之北宋兩大金剛力士像魁梧怒目，造型剛健勇猛，威武有力。

南有馬王・北有曾侯

——湖南、湖北的楚文化

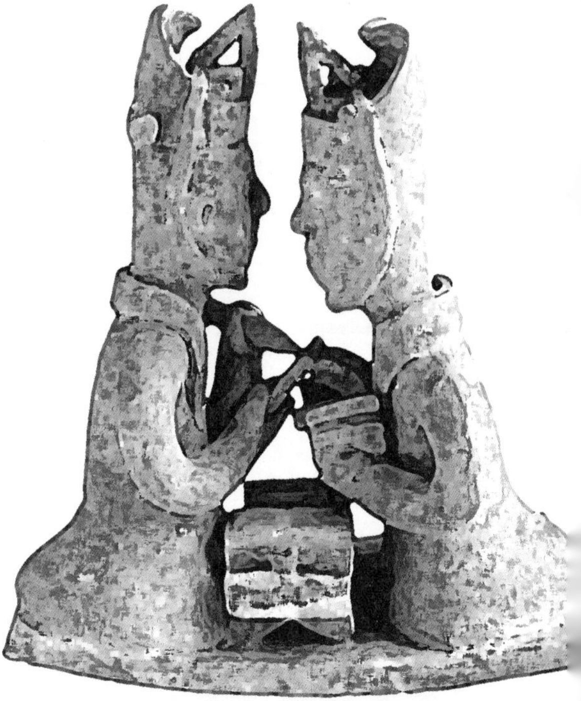

1 湖南長沙馬王堆

一九七一年底，湖南長沙市芙蓉區東邊的本地醫院建造地下病房時，挖動了一座漢墓，跟著出土了三座極重要的漢墓，內裡包括有三千多件文物和在第一號墓內一具至今仍完整的女屍——軑侯夫人辛追。經歷了二千多年，得以保存不腐，尤其是一個貴族夫人，去世時僅五十歲左右，令人神往稱奇。

軑侯夫人辛追復原塑像，風姿綽約，不減當年

但是馬王堆的重要價值，不在於辛追夫人，而在於其幾千件出土文物的完整性、藝術性與珍貴性。其中尤以一號、三號墓文物最多。這三座漢墓是西漢初期長沙國第一代軑侯利蒼及其妻、兒之墓群。軑侯利氏共傳僅四代，漢惠帝二年（前一九三）、長沙國丞相論功被封為軑侯。漢武帝元封元年（前一一〇），東海太守、第四代的軑侯利秩犯罪，侯爵之位遂被廢黜。

其實早在一九五二年間，考古學權威夏鼐已經率領中國科學院考古研究所長沙工作隊進行馬王堆的現場調查，確定為一漢墓組群。一九五六年列入湖南省第一批重點文物保護單位，但一直沒有主動發掘。一直到前述的一九七一年醫院挖建病房，觸動第一號墓，湖南省博物館隨即呈報作搶救式發掘。

今天的湖南省博物館主力陳列，就是馬王堆。但要注意，如人在長沙市，要看馬王堆，必須告訴開車師傅要開去湖南省博物館，不能說馬王堆，不然他真會把你帶去瀏陽河當年馬王堆發掘原址。

馬王堆不但反映出漢代農業及手工業的發達，更是一個大家族飲食起居的文化縮影。人們幾不可置信看到西元前後二百年左右的漢代，綺羅綢緞的精巧細緻，以及髹漆器具的繁複紋飾。

中國本來就是全世界第一個養蠶繅絲，織造絲綢的輸出國，所謂「絲綢之路」，正是中國通往西域及歐洲貿易的路線。據報導，一、三號墓出土紡織品及衣物一百餘件，除少量麻布外，絕大多數為高品質絲線的「絹、紗、羅、綺、錦」，其圖案設計雅麗多變，揉合了刺繡、印花、彩繪等工藝。

許多印在綺羅上的三角菱紋(lozenges)幾何圖形，更是戰國工藝風格延續入漢的典型。也會讓人想到青銅鏡種、幾何圖形的「菱花紋戰國銅鏡」。這種鏡子以折疊式對稱的菱紋，把鏡面分成九個菱形地區，每區（包括鈕座為正中區）內各有一圓

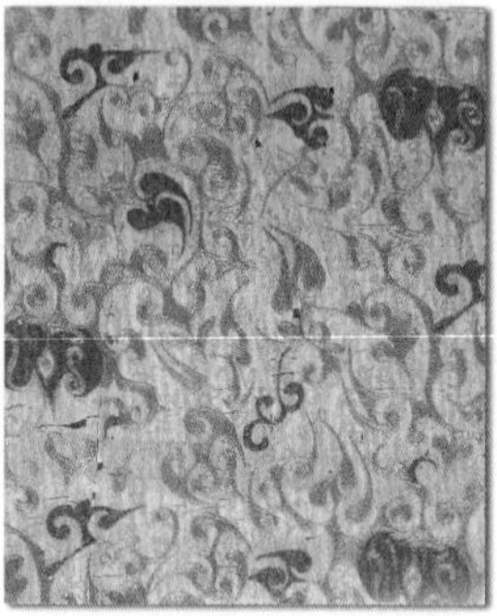

乘雲繡

菱紋信期繡

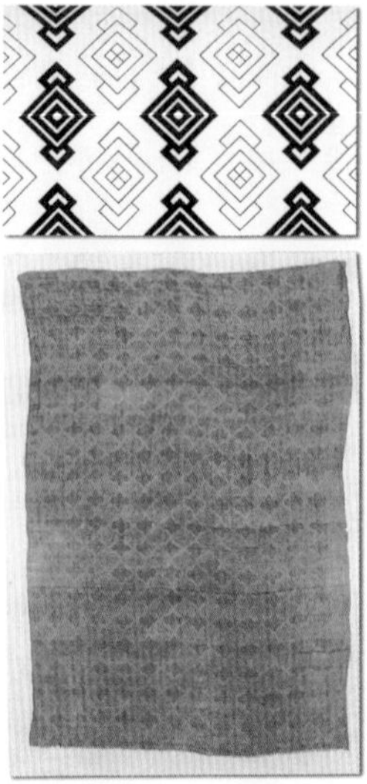

絳色綺羅

菱花紋戰國銅鏡

漆耳杯，兩柄如雙耳，故名

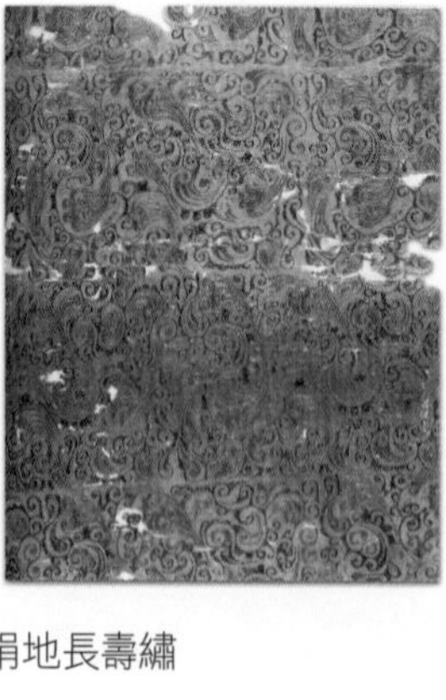

絹地長壽繡

對鳥菱紋綺地乘雲繡

煙色綺羅

形花蕊，四瓣花朵，作十字形展開。近年也有人指出這類菱紋鏡子正確應稱為「杯紋鏡」。因為一般所謂的菱花紋，其實是戰國流行的漆耳酒杯紋。所謂漆耳杯，就是兩側有耳的酒杯。馬王堆、湖北江陵九店楚墓，都分別出土有戰國及西漢初期漆耳杯。後來雙耳杯發展成流行圖案，出現在楚漢絲織品上，成為菱形的「杯紋綺」。

馬王堆一號漢墓出土的絲織綺羅圖案，即有煙色杯紋綺、絳色杯紋綺、朱色杯紋綺。至於以菱紋綺羅為底色（工藝術語呼之為「地」，即底下襯托之意），在上面用朱紅、棕紅、橄欖綠等有色絲線，以鎖繡針法，刺繡出流雲與鳳鳥的圖案，稱之為「對鳥菱紋綺地乘雲繡」。沒有鳳鳥，就叫「乘雲繡」。

有時也會用朱紅、棕紅、深綠、深藍、金黃的有色絲線，繡出捲枝花草及長尾燕子的圖案，燕為候鳥，定期秋季南遷，春季北歸，歸期有信。當時的人，把這種刺繡紋樣稱作「信期繡」。信期繡在一號墓出土繡品中占了大多數，包括絲羅地「信期繡」絲綿袍、信期繡「千金」圍帶手套（手套上有飾篆書「千金」兩字的圍帶）。

另外還有一種「長壽繡」，圖案由花蕾、葉瓣以及變形雲紋組成，用的是淺棕紅、橄欖綠、紫灰及深綠色的絲線。學者認為這些圖案象徵長壽，故稱「長壽繡」。也有人認為這些花草是古人用來辟邪的茱萸。

刺繡圖案還包括樹紋鋪絨繡、四方形棋紋繡、茱萸紋繡。印花方面有印在薄紗上的火燄紋，及與彩繪結合的敷彩紗。傳統若此，難怪湘繡至今盛名不衰。

中國漆器，獨步世界，春秋已有，據云莊周當年亦為漆園小吏。戰國至漢朝間，正是髹漆藝術的成熟期。漆器多為木胎，漆藝成熟（因為早期製漆技術繁複，昂貴稀有），同時也代表木工手藝成熟，才有如此輝煌成就。馬王堆一、三墓共出土漆器高達五百餘件，均以強烈浪漫的朱紅與純黑對比主色，構染出天文地理、蟠螭雲龍……等無限豐沃的想像。亦是機緣巧合，惟軑侯如此大富大貴之家，始能以眾多漆器厚葬，成全了後人豐厚的文化寶藏。

髹漆器具真是琳瑯滿目、美不勝收。大者如巨型的彩棺巨槨（槨，就是外面的套棺，馬王堆棺木外有三至四層套棺），中型者如雲龍紋漆屏風，雖為冥器，設計獨特，屏風正面一條彎背迴首翻騰雲龍，鱗甲活現，風雲變色。背面以圓形玉璧為中心，外圍繞以菱方形幾何圖形，暗指天圓地方。其他飲食漆器包括有紅黑交間，用作酒器的漆鍾、方壺漆鈁及圓壺；漆鍾出土時尚有酒渣，可見入葬時醇酒滿壺。

二十公分以下的小型飲食漆具或彩繪漆盒更見巧思。有名的漆耳杯及漆盤，裡面均寫有「君幸食」或「君幸酒」三字，幸食幸酒，都是勸君加餐飯將進酒之意。

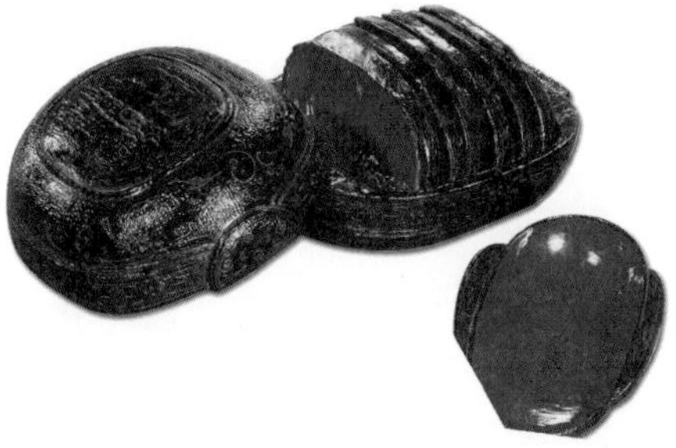

漆耳杯套盒

彩繪雙層九子漆盒

耳杯深淺大小不一，有時一套的酒耳杯明顯容量較淺，以利飲用；食杯則較深。最見巧思是一號墓出土的彩繪雙層九子漆盒，上層放手套絲巾，下層有九個子盒，分放白色面粉、油彩、胭脂、假髮、粉撲、梳、篦、茀、鑷等九種婦人用品。

世人對馬王堆出土文物，最感興趣還有竹簡及帛書帛畫，包括一幅可為中國氣功之祖的四十四種姿式導引圖，融合呼吸和柔軟體操的動作。竹簡與帛書（寫在絲帛上的文字書籍）更提供許多從未面世的古代醫藥、歷史、神話、天文天象、卜卦、養生知識。許多道家學說著作，也與傳世版本不同。

馬王堆的漢朝帛書，質地全是生絲織成的細絹，用朱砂紅畫成四方欄格（人稱「朱絲欄」），內以黑墨書寫在絲絹上。因

導引圖（局部），四十四種姿式，融合呼吸和柔軟體操的動作，當時原件已經破損不全

為欄格空間不大，所以內裡的文字很小，但在書法史很有研究價值。更由於抄寫時間及抄寫者不同，呈現許多不同書法字體，更能讓後人追蹤秦漢期間在漢字隸變過程的文字演變。

馬王堆帛書字體可分三種，篆隸、古隸及今隸。其中出土帛書《陰陽五行》甲篇的抄寫文字，就反映出漢字從篆到隸的演變過程。

其他出土文物尚有完整的六博戲具。漢人好博，六博戲就是兩人對坐擲骰子行棋的賭博。出土的六博棋盤，更提供研究博局青銅鏡圖案設計的主要線索。馬王堆墓中也存有大量農產品，種子、果實、中草藥，皆完整保存在麻袋或竹笥內。除古琴外，更有一張弦柱齊全的二十五弦瑟，讓人看到琴瑟和鳴的氣象。

還有一幅中外聞名的大幅T形彩繪帛畫長達二百零五公分，彩色斑斕、內涵豐沃，畫從上至下，分天上、人間、地下三大部分，螭虺交纏，人、神、獸充塞其間，表達出漢人長生思想與對天國嚮往豐富的想像力。

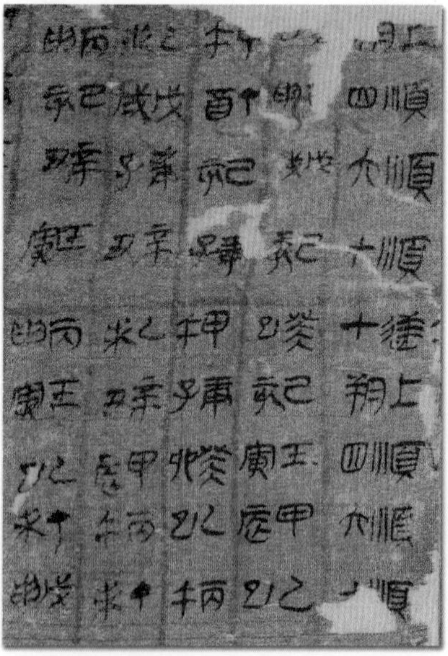

漢帛書《陰陽五行》甲篇，反映出漢字從篆到隸的演變過程

2 武漢「湖北省博物館」與曾侯乙墓

世界各地博物館，常有珍貴文物組合，作其「鎮館之寶」。如果說馬王堆出土文物，為湖南省博物館鎮館之寶，那曾侯乙墓的出土文物，就是湖北省博物館鎮館之寶了。

T 形彩繪帛畫，長達二百零五公分，彩色斑斕、內涵豐沃，畫從上至下，分天上、人間、地下三大部分，螭虺交纏，人、神、獸充塞其間

但話又說回來，湖南在東漢已開始生產青瓷，湘陰瓷器晶瑩素亮，其雕塑瓷像更生動傳神。光是一對西晉永寧二年的「青瓷對書俑」，便堪足為湖南省博物館鎮館一寶。再加上陶瓷史不可或缺、唐代異軍突起的釉下彩「長沙窯」系列，鎮館之寶便該鼎足而三了。

青瓷對書俑，神情唯妙唯肖，釉色清澈大方

一九七二年湘楚掘出馬王堆後，一九七八年又在荊楚大地的文化古城隨州市（據云炎帝神農誕生於此，他與黃帝合力打敗蚩尤，因而中華民族稱自己為炎黃子孫）西的擂鼓墩古墓群，發現曾侯乙墓。出土了大量兵器、皮甲盾冑、禮樂器、竹簡、漆器、金器、玉器、青銅器、車馬器等高達七千多件。其中尤以世間罕見完整的大型青銅編鐘組合，轟動世界。所謂曾侯乙，曾為國名（即隨國），侯為封爵，乙是家族排名（有如商制）。

曾侯乙墓古編鐘群出土時，完整無缺，依鐘的大小及音高為次序，共分三層八組懸掛在曲尺型的樑木套銅鐘架上，另配備有敲鐘的槌和棒。全套編鐘共六十五件，大方精美。最大一面鐘在最下層，高一百五十三點四公分，重二

皮甲漆盾

百零三點六公斤。六十四件鐘器共重二千五百六十七公斤。其中一面楚惠王送來祭奠曾侯乙的「鎛鐘」(曾侯的隨國曾對楚國有恩),上有蟠龍一對,捲尾迴首,鐘上刻有篆體銘文三十一字,大意為楚惠王五十六年(前四三三)得知曾侯乙去世消息,特贈此鎛鐘宗彝,作為奠禮,希望他永遠享用。

楚王鎛鐘,上有蟠龍一對,捲尾迴首,鐘上刻有篆體銘文三十一字

這三層懸掛的編鐘,下層大鐘聲音渾厚沉著、中層甬鐘圓潤明亮、上層鈕鐘透澈清純。

神奇的是,經歷了二千多年後,如果敲打在編鐘鐫刻的標音位置,就能演奏出音質純正的音階樂音。證明了先秦編鐘已擁有「一鐘雙音」的規律(即是每面鐘都能在正、側鼓部位敲出大三度或小三度的兩個樂音),及合瓦型鐘體鑄造

編鐘一隅。這套編鐘的音階結構與今天國際通用的C 大調七聲音階相同,中心音域十二個半音階齊備,可以演奏任何和聲、複調和轉調的樂曲

的技術。因此曾侯乙墓古編鐘群，是目前全世界已知最早具有十二半音階關係的特大型調樂器群，也是先秦時期在物理、聲學及鑄造技術上的巨大成就與突破。

這套編鐘的音階結構與今天國際通用的C大調七聲音階相同，中心音域十二個半音階齊備，可以演奏任何和聲、複調和轉調的樂曲。

曾侯乙墓出土樂器眾多齊全，極為精緻。除金石鐘磬的金聲玉振外，還包括絲竹樂器的橫吹七孔竹篪、十三管排簫、竹簧匏笙管、琴瑟；及建鼓、懸鼓。

一九八四年湖北省博物館、湖北藝術學院及有關單位對曾侯乙墓出土樂器進行研究複製，六十五件編鐘順利複製完成，「造型準確，音響逼真」。同年九月，召開「曾侯乙編鐘複製研究成果覽定會」，並舉辦「曾侯乙編鐘音樂會」。可惜先秦樂制早已失傳，只能用唐宋古樂編製出楚辭《九歌》內如〈國殤〉、〈山鬼〉、〈東皇太一〉的樂章。

一九九九年六月至九月，美國加州南部聖地牙哥市巴波亞公園的「聖地牙哥藝術博物館」，舉辦了名聞寰宇的曾侯乙墓文物展。主題為“Ringing Thunder—Tomb Treasures from Ancient China”（中文稱為「龍鳳共舞」，其實可譯作「金聲玉振」，以彰顯編鐘聲韻）。

此次展覽真是琳瑯滿目，美不勝收，令人流連忘返。髹漆器中，棺槨內外繪滿雲雷、人面獸、人面蛇等紋飾，繁複豔麗，色彩對比強烈。漆梅花鹿以真鹿角配斑漆身體，憨態可愛，栩栩如生。二十八宿衣箱上，箱面兩端繪青龍、白虎各一，再配黑地朱漆彩繪二十八宿與北斗和四象相配，猶如黑夜天空閃亮的星座群，顯示古人很早就注意到「星移斗轉」的天文現象。這些漆器，都是稀世奇珍。

上述展出還包括有令人讚賞不絕的大型「尊盤」青銅器皿，蟠螭錯雜，是銅鑄脫蠟法的驕人成就。另有方形「鑒缶」，用作冰凍酒食之用，亦是巧奪天工。中型銅器的錯金提梁壺、鹿角立鶴、螭虺席鎮，都是萬中無一的精品。

曾侯乙墓可謂集先秦青銅兵器之大成，除甲冑及盾外，還包括有長桿兵器的矛、戟、殳；短桿兵器的戈，其中有一柄銘刻「曾侯乙寢戈」五字，應是曾侯貼身侍衛所用；弓矢中的長弓就有五十五件，箭鏃多達四千五百零七件，大部分為三棱形。戰車用的帶矛鋒利車輪滾動軸頭，美奐之餘，也是極具殺傷力的兵器。

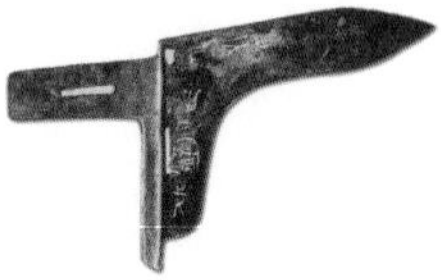

曾侯乙寢戈

鑒缶

二十八宿衣箱

螭虺席鎮，神思設計，
工藝精巧，臻達巔峰

尊盤

漆梅花鹿，精美絕倫，是國
寶級藝品

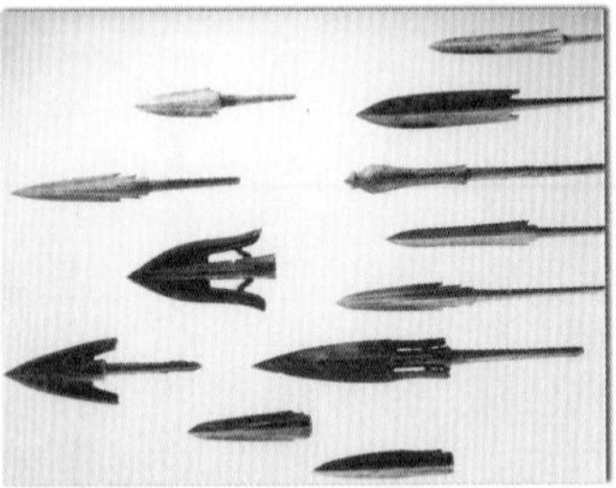

各式箭鏃

三戈戟

矛狀軸頭

南海神廟、十三行與海上絲綢之路

歷時十一個月，航程近二萬海里，瑞典仿古帆船「哥德堡號」終於在二〇〇六年八月二十九日順利靠泊上海吳淞港國際客運中心碼頭，完成迢迢萬里，重新顯現從瑞典到「海上絲綢之路」航程的終點港。

很多人都不知道，這艘其實名為「哥德堡III號」的機動帆船自二〇〇五年十月二日便自瑞典哥德堡市啟航。出發之日，瑞典及廣州上海兩地同時舉行慶典活動，尤其是在廣州市作為海上絲綢之路起點的黃埔村南海神廟，更與市內荔灣區十三行同作盛大祈福，慶祝「哥德堡III號」的啟航。

「哥德堡III號」在瑞典起航後，航線駛經大西洋、印度洋、太平洋，沿途停靠倫敦、西班牙（當年瑞典盛產木材，「哥德堡號」就是將木材販賣到西班牙換取白銀，再到中國購置商品攜帶回國）、南非，再繞過好望角，經澳洲到達印尼雅加達、新加坡等港口停泊，並於二〇〇六年七月十八日抵達廣州海珠區黃埔村的南海神廟。

資料顯示，這艘船保持著傳統風帆，用水力和電力驅動，再借風帆破浪而行，為了重溫舊夢，還在船邊設置仿古炮臺，但並無真炮，船艙內炮座僅為咖啡座，可以憑炮遠眺海洋旖旎。此外「哥德堡III號」滿載北歐瑞典各種工藝品和現代工業產品，有如當年攜帶的珠寶、葡萄酒、自鳴鐘、鐘錶、樂器等物，沿途更加添中東及南亞各類香料土產，以貿易換取中國的瓷器、茶葉和絲綢。

所謂海上絲綢之路，顧名思義，有別於西出長安的西域陸路。隋煬帝時與西域諸國已通商繁盛，唐代西域商人留華不計其數，入華陸路海路均有，沿海商埠以交州、廣州、明州、揚州所謂四大港口等埠最為有名。交州就在當今越南，明州是寧波，再加上紹興、泉州、鎮江等地。

另一方面，國際貿易市場由西域轉向亞洲東南一帶，是一個值得注意的現象。尤其是商業人口南移，海路快捷運輸取代了波折橫生的陸路，是主要因素。試舉廣州一地外國商人為例，即有十餘萬之多。其實自南宋偏安杭州開始，因為中原受遼金箝制，許多經濟資源均靠海路貿易為出口。

二百多年前的中瑞所走的海上絲綢之路，通常一趟航程，加上沿途補充、居留、買賣，往往長達一年之久。起點到終點，就是從瑞典哥德堡到中國廣州的南海神廟碼頭。瑞典早年海權不弱，但並未與荷蘭、西班牙、葡萄牙等海國在東南亞爭霸殖民，反倒顯出中瑞兩國在清代關係友善和緩，被清廷官員呼為「西洋夷商中之馴服者」。一九五〇年，瑞典是第一個與中國建交的國家，但和其他歐洲國家一樣，瑞典最早與中國發生貿易關係機構仍是在英國起家的東印度公司。資料指出，一七三二年瑞典東印度公司派遣第一艘來華商船「腓特烈國王號」來到廣州。《清朝文獻通考》內載，「瑞國通商自雍正十年（一七三二）後，歲歲不絕。每春夏之交，其國人以土產黑鉛、粗絨、洋酒、葡萄乾諸物來廣，由虎門入口，易買茶葉、瓷器諸物，至初冬回國。」

清代對外貿易推行一種行商制度，即是說所有外商在華貿易，必需經過本地商人及商號作為仲介，廣州能夠自其他港口商埠如廈門、舟山等脫穎而出，就因有著實力龐大資源雄厚的本地商人居中斡旋，甚少與外商發生爭執糾紛。這就是所謂的「十三行」。十三行是清朝在粵設立海關的第二年，即康熙二十五年（一六八六）五月建立的，地址就在如今的廣州文化公園至海珠南路一帶。這個官商團體由多家商行、洋行組成。十三行的商行數目經常變化，但開始時是十三家，它們是怡和行、廣利行、同文行、同興行、天寶行、興泰行、中和行、順泰行、仁和行、同順行、義成行、東昌行、安昌行。主要是「承銷外商進口商品；代表外商繳納關稅；代表政府管東外國商人，傳達政令，辦理一切

十三行當年商桅群聚珠江的盛況。大樓飄揚的一面藍底紅十字旗為瑞典旗，國人稱瑞典為「藍旗國」

與外商交涉事宜」。

到了一七五七年，乾隆關閉了福建、浙江、江蘇三處海關，限制所有外商只能在廣州一地經商，就是史家所謂「一口通商」，不得在中國其他任何地方。於是廣州洋行便集中在離珠江約三百尺的十三行街，包括英、法、美、荷蘭、瑞典、丹麥等國商人。又以同文行、廣利行、怡和行、義成行的老板「四大鉅富」最為著名。怡和行的伍秉鑒、同文行的潘啟官（潘振承）均富甲一方，潘氏家族更三代經營茶、絲致富，多年被選為十三行領袖。其他兩行的盧觀恆、葉上林亦不遑多讓。

伍秉鑒（一七六九—一八四三）畫像，據云當年資產達二千六百萬銀元，為世界首富，亦曾是英國東印度公司最大的債主

潘啟官（潘振承）畫像，粵閩人暱稱少爺為官仔，因此粵人多稱潘為啟官，瑞典人亦皆稱他為潘啟官

一七四三年三月瑞典東印度公司第二大船「哥德堡號」，開始它第三次的中國廣州旅程。但這艘專門來往於哥德堡與廣州的大帆船，不知道這是它最後的一次航程。出師早已不利，駛經挪威碰到風暴，需要繞道而行，浪費了許多時間與船上食水乾糧，抵爪哇群島（印尼）已糧水匱缺，水手因疾病喪生達二十餘人，又錯過了季候

風，有帆無風，動彈不得，只能在客途等待冬天的西北風，就似早年天主教耶穌會士如利瑪竇等人乘船來華途中碰到的種種災難。

大帆船一直到一七四四年九月才抵達廣州，也就是說走了一年半。它在廣州只待了三個月，一七四四年底冬天載滿瓷器、茶葉及絲綢等貨物。據記載，「哥德堡號」船艙載滿了七百噸中國貨物，包括茶葉三百六十六噸、瓷器一百噸、絲綢十九箱、錫一百三十三噸、良薑十一點四噸（即高良薑，中藥，又稱佛手根，治脾胃中寒，果實紅豆蔻可解酒）、珍珠三點四噸、藤器二點三噸、胡椒一點八噸。

隨即駛回瑞典，走了大半年，一七四五年九月始返抵瑞典。但就在哥德堡人們爭相傳告「哥德堡號」準備自外海駛入港口時，卻又十分戲劇化的在眾目注視驚呼下偏航，觸礁沉沒。

此後，東印度公司又造了另一艘「哥德堡II號」，但又在南非沉沒，一直到一九九三年才打造這艘「哥德堡III號」，一共造了十年，耗資三點五億瑞典克朗，到了二○○三年六月六日才舉行下水典禮。

但是世人並沒有忘記沉在海底的「哥德堡號」，當然最難以令人忘懷的還有那些價值日增的中國瓷器。據說當年沉船搶救出僅四分之一的船上貨品賣出去後，除了賠償沉船損失外還小賺了一筆，可見其餘四分之三貨品在歐洲人心中的斤兩分量。終於在一九〇六－〇七年打撈，起出三千多件中國瓷器，在古董界掀起一陣風波。據聞撈起的茶葉在海底多年，依然香味濃郁。

廣東寺廟，首推粵北韶關供奉六祖真身的南華寺。廣州市內除六榕、光孝、海幢等悠久佛教寺院外，最具文俗文化歷史特色的，就算在黃埔的南海神廟了。

南海神廟與海上絲綢之路關係已如上述。它算得歷史悠久，最早建於隋文帝開皇十四年（五九四）。臣子們向文帝建議，應在大海四隅建海神廟，祭祀祈福，以保佑百姓風調雨順，五穀豐收。遂在浙江會稽建東海神廟，廣東南海建南海神廟。廣州古稱番禺，黃埔港在古代為扶胥港，為廣州一個地理良好外港，有碼頭可供船隻停泊，裝卸貨物。

因此我們可以說南海神廟與它的海港碼頭建於隋代，興於唐宋，大盛於明清，成為廣州海上絲綢之路的起點。

遊南海神廟，要看它有名的碑林和菠蘿樹（波羅蜜，又稱大樹菠蘿，不是鳳梨）。因為遍植菠蘿樹，南海神廟又稱菠蘿廟，並有「番鬼望菠蘿」的傳說。番鬼，是廣東人對外國人謔稱，雖不雅，但慣用後並無多大貶意。但望菠蘿則便傳說紛紛了。

傳云唐代印度有一貢使叫達奚，後人稱他為達奚司空。他到京城進貢後回到廣東，把隨身帶來的兩棵大樹菠蘿樹苗種植在南海神廟前。此樹極為獨特，不但長得高大碩壯，而且枝可結果，莖也可結果，植在地上的根也可結果，據云果熟蒂裂，甚是香甜。其果極大如袋，外型有錐尖如佛祖螺髻，所以南方寺院多有種植。果內有一

南海神廟正面入口處

遊南海神廟，要看它有名的碑林和菠蘿樹（波羅蜜，又稱大樹菠蘿，不是鳳梨）

達奚司空像，左手遮額，雙目圓睜，遍望千帆皆不是

個個小苞核，肉厚，清甜如蜜。清朝范端昂《粵中見聞》有載，「波羅蜜亦曰優缽曇，蕭梁時西域貢使攜來，種於南海神廟前。波羅熟以盛夏，大如斗，重至三四十斤，皮厚有軟刺……每實有核數百枚，大如棗，仁如栗黃，炒熟可食。」上述此段文字僅為唐朝與魏晉六朝之別，其他進貢使與西域相同，所以此樹來自西域應無問題。

更有趣的傳說，不止是達奚司空在南海神廟種植大樹菠蘿，更說他種樹時流連廟內景色，而竟誤了船期，搭不上回西域的客船。他只好留在黃埔，天天引手遮額遠眺外海而來的船隻，是否有一艘載他回西域的客船？也是為何至今廟內仍有一尊達奚司空身穿漢服，維妙維肖舉手遮額的塑像。明朝高僧憨山曾有一首安慰達奚苦惱思歸的詩：

臨流斫額思何窮？西去孤帆望眼空。
屹立有心歸故國，奮飛無翼御長風。
憂悲鐘鼓愁王膳，束縛衣冠苦漢容。
慰爾不須懷歸土，皇天雨露自來同。

然禪師為方外人，不懂家國渴切的望鄉情。此雨此露，雖信美而非吾雨吾露，又何足以少留？

因為歷代君主皆曾派臣南下致祭，並留御令刻於碑上，再加文人雅客品題，南海神廟稱南方碑林，實難堪與西安碑林相比。尤其文革破壞損害極大，雖經修復，然傷痕累累，難復舊觀。今日的南海神廟入儀門後，兩側內廊各排列碑塊。計藏碑刻共四十五塊，其中唐碑一、宋碑二、元碑一、明碑十七、清碑四。另據原拓片重刻復原宋至清古碑十塊。其中最重要者包括有唐代「南海神廣利王廟碑」，又稱「韓愈碑」，碑文為韓愈撰寫，循州刺史陳諫書，共

碑石在文革時被破壞損害極大，雖經修復，傷痕累累，明顯可見

三百六十字，情文皆茂。內言唐憲宗元和十二年（八一七），孔子第三十八代孫孔戣為廣州刺史，次年京師委派的祝冊來到廣州祭祀海神。孔戣秉持治人以明、事神以誠的政風，親自供奉唐憲宗頒發的祝文，並備三牲致祭。元和十四年（八一九）韓愈諫迎佛骨，逆憲宗意，被貶廣東潮州刺史，與孔同在嶺南，相交莫逆。及至孔戣修建南海神廟時，韓已調袁州刺史（袁州在江西宜春，韓愈從袁州調回長安後，曾寫過〈應所在典貼良人男女等狀〉，敘述他在袁州時放免男女奴婢七百三十一人的事）。由於友情篤厚，依然應孔之邀，洋洋灑灑寫下這篇千古傳誦的「南海神廣利王廟碑」，也是佳話，可惜年代日久失修，字跡已漫漶不清。

極目過去，許多碑林被文革損毀已無法復原

兩塊宋碑其一為宋太祖趙匡胤開寶六年（九七三）賜立的「大宋新修廣利王之碑」，又稱「開寶碑」，頗有歷史價值，因為碑文提及北宋派大將潘仁美南下，滅了殘唐五代的南漢，完全統治了嶺南地區，並修復南海神廟，出任市舶司，負責對海外絲綢之路的商船貿易。

到了明太祖也有賜碑，可見南海神廟在歷代帝皇心中地位，尤其明大軍海路打敗元軍收復廣東，對神廟更有福佑情感作用。洪武三年（一三七〇），朱元璋派人重修神廟後再派禮部侍郎王褘代表御祭海神，並藉此昭告天下，把南海神從前什麼廣利王的封號全部摘掉，僅以南海之神稱之。

唐代「南海神廣利王廟碑」，又稱「韓愈碑」，碑文為韓愈撰寫，循州刺史陳諫書

洪武碑。洪武三年（一三七〇），朱元璋派禮部侍郎王褘代表御祭海神，把南海神從前廣利王的封號全部摘掉，僅以南海之神稱之

隋代封南海神為祝融（原為火神），唐開元天寶年間，玄宗亦曾派張九皋兄弟南下冊封為廣利王。北宋仁宗封南海神為洪聖王，後又天降大雨，平定廣西逆賊，歸功海神加封為昭順王，並御賜海神夫人為明順夫人，至今廟內後殿仍有昭靈宮供奉明順夫人，香火不絕。到了南宋高宗，又封為威顯王，因為靈驗不絕，元世祖又加封為靈孚王。如今朱元璋大筆一揮，碑文內稱五岳四海之神，四海可分稱東海之神、南海之神、西海之神、北海之神。

神廟內還有一塊「紹興六侯碑」，為江西鄱陽人方漸於南宋紹興辛酉年間（一一四一）訪廟所刻，記載了南海神手下六位文武輔將的傳說，至今廟內亦供奉六位神祇的塑像，內裡赫然有達奚司空，為助利侯。

但南海神廟碑石最醒目的還是廟內廣場空地與「洪武碑」亭左右並列的康熙御書「萬里波澄」碑亭。

清廷自一六八五年（康熙二十四年）收復臺灣後，沿海威脅已解除，解除海禁，翌年便在廣州設海關，並經常派遣負責主管祭祀社稷、宗廟朝會的太常寺官員前來祭祀，康熙本人更曾有詩句云「四海不揚波」。這就是南海神廟大門前面「海不揚波」石牌坊四字的由來。一七〇三年康熙五十大壽，下詔祭祀祖家的長白山及四海神廟，

一七〇三年康熙五十大壽，下詔祭祀祖家的長白山及四海神廟，並御筆親書「萬里波澄」御匾四字

並御筆親書「萬里波澄」御匾四字賜南海神廟，另賜廟號為「波羅廟」。「萬里波澄」四字後又再另臨摹勒石於一塊黑碑上，並建碑亭。可惜帝王將相，均逃不過文革小兵破舊的厄運，牌匾、石碑及碑亭皆被砸個稀爛，不知去向，現今看到的還是一九九〇年廣州文物管理委員會按照拓本重新翻刻，真蹟蕩然無存，令人撫今追古，唏噓不已。

南海神廟自清代以來除植大樹菠蘿，更遍植芒果樹及海紅豆樹，一到夏天，芒果樹熟，遍地皆是。紅豆秋天結子，及至冬季，紅豆莢裂子落，地上均是相思子。有情世間，男女爭相尋撿餽贈，以示相思，真是紅豆生南國，此物最相思。另有木棉古樹兩株，花紅如火，據云已有兩百多年歷史。清人屈大均有著名木棉七言絕句：「十丈珊瑚是木棉，花開紅比朝霞鮮。天南樹樹皆烽火，不及攀枝花可憐。」

把紅花遍樹比作十丈珊瑚，朵朵花紅如烽火，確是好詩。

每年農曆二月十一至十三日為南海神廟廟會，亦稱波羅神誕，自唐宋始，遊人如鯽。南宋詩人劉克莊就有描述廟會盛況的詩，內有「香火萬家市，煙花二月時。居人空巷出，去賽海神祠」（〈即事十首〉）之句，可見萬人空巷之熱鬧。廟外不遠西南邊附近的章丘崗還有浴日亭一座，自宋元以來，為本地人到此觀看海上日出之處，現在的亭子已是清末以後改建，一九八六年再重修。宋哲宗紹聖初年（一〇九四），蘇東坡被貶惠州，遊南海神廟，住海光寺，翌天一大早到浴日亭觀日出，寫下了這首〈南海浴日亭〉的七律：

劍氣崢嶸夜插天，瑞光明滅到黃灣。
坐看暘谷浮金暈，遙想錢塘湧雪山。
已覺蒼涼蘇病骨，更煩沆瀣洗衰顏。
忽驚鳥動行人起，飛上千峰紫翠間。

從泰山到天盡頭

——齊魯印象

1 泰山

說來有點哲學意味，登泰山而小天下，但欲登山，必須自泰山腳底那饒有國泰民安含意的泰安小鎮開始。

整個登臨泰山歷程，可以說是身體與心靈超越之旅。身體方面，是指從泰安市的岱廟開始，攀登長九公里、六千六百餘級，號稱十八盤道的石砌山階，直上峰頂。但是時至今日，登山者多取纜車一途，從中天門搏扶搖直上南天門。

南天門

那是從泰安古城山麓，乘坐當地的景區小巴從山腳下直到中天門，然後再從中天門乘纜車到南天門。從南天門開始要步行走過天街，一直到玉皇頂。中間會經過一處道教的宮觀碧霞祠，內供碧霞元君，又稱泰山玉女，或泰山老母。因山上終年雲霧潮濕，建材易朽，其蓋瓦在明、清時均以銅、鐵鑄造。現存明銅製巨碑一面，碑首刻有「敕建泰山靈佑宮記」。道觀以四合院式排列，紅牆蒼頂，有如仙境宮闕。

從許多地名看來，中天門、南天門、天街、玉皇頂……等等，顧名思義，登泰山其實也是一趟心靈之旅，有如道家的升仙歷程，從人間直登仙府。但是我們凡人不是齊天大聖，不能駕觔斗雲，只能一步一腳印，爬登陡直的千步石階，如一條長長天梯，直上玉皇大帝的天庭。

人生正是如此，不能一步登天，許多時候，像唐僧師徒西天取經得成正果，過程比終點還有意思。因而登臨泰山，其意義在登多於臨。山多松柏，蒼翠碧綠，就連坐在纜車直上南天門之際，也是雲霧繚繞，瀰漫飄盪，層巒聳翠，令人心胸震盪，有如騰雲駕霧、飄飄欲仙。

從海拔一千四百多公尺的南天門，步入豁然開朗的天街，這一段路直到山峰的玉皇頂，就是岱頂了。泰山又名岱山、岱宗，均見於戰國典籍。《詩經》最長的一首詩就是在〈魯頌〉內達一百二十行的〈閟宮〉，以泰山的高峻「泰山巖巖，魯邦所詹……淮夷來同，莫不率從，魯侯之功」，來比作魯僖公的功績。

但是讓泰山名揚文壇的，則非杜甫的〈望嶽〉莫屬了。年輕的詩人，在洛陽舉進士不第，於三年內漫遊齊、趙（山東、山西、河北）等地，最後得睹東嶽泰山，氣象磅礴，心胸遼闊，盡舒抑鬱之氣。詩人寫這首詩時年僅二十八歲：

岱宗夫如何？齊魯青未了，

造化鍾神秀，陰陽割昏曉；

盪胸生曾雲，決眥入歸鳥，

會當凌絕頂，一覽眾山小。

此詩能為千古絕唱，寫實浪漫皆具，自有不凡之處。它共分四個層次看泰山，首聯兩句遙望山色，次聯近望山勢，三聯細望山景，末聯豪望山情。開首兩句，自問自答，先聲奪人。詩人設問：泰山（岱宗）之為山，那又怎麼樣？再而設答：這座山啊！雄踞齊魯之間，山色連綿青翠不絕，沒完沒了。三言兩語，把一座山岳的神奇秀麗，表露無遺。怪不得山東人以泰山為豪，濟南當地第一大報《齊魯晚報》的副刊，就名「青未了」，可謂神來之筆。

如果能在山上有兩日遊，那就應在此五嶽之首的東嶽峰頂憩息一宵，翌日一早去玉皇頂東南面的日觀峰，觀東海日出。山上朔風凜冽，寒暑二季，入夜尤其寒冷，但旅館均備有禦寒大衣供客。

泰山為道教名山，亦是古代帝皇祭祀封天、封禪之地，古蹟特多，尤其石刻碑文。其中最著名就是唐玄宗於開元十三年（七二五）封泰山後的第二年，御筆親撰〈記泰山銘〉，連序言銘文凡一千零九字，刻在泰山絕頂的大觀峰石壁上。開元盛世，氣度不凡，筆跡遒勁，高十三多公尺，寬五點七公尺，世稱「唐摩崖碑」。

唐摩崖碑

2 曲阜

假若把長安或北京看作天子腳底，那麼曲阜就是夫子腳底下了。

如果可以，一定會有人建議把曲阜改名為孔阜。不過此地既是孔子出生桑梓，更是夫子退仕聚徒講學之鄉。自從周朝「封周公於曲阜」後，八百餘年，曲阜是魯國都城，為政治、經濟、文化中心，直至西元前二四九年，為楚所滅，改名自是不宜。但是以孔子故里作為曲阜鮮明的精神標誌，自不待言。去曲阜，須訪三孔：孔林、孔府、孔廟。

孔林，是孔子家族專用墓地。據史書載，孔子逝世後，「弟子各以四方奇木來植，故多諸異樹」。孔門弟子三千，就算一人一株，已達上千之數。陵園至今據統計，已有古樹二萬餘株，大多為松、柏、榆、槐、楷、楓等參天大樹。林木聳翠，肅穆莊嚴，石像群立，碑文遍處，漫步其間，清風徐來，自有一番雅致幽情。

入口處過了大林門，甬道盡頭，就是上香祭祀孔子的享殿，殿前有文武翁仲石像一對，極為傳神，原為宋宣和年間的雕刻。入清後，雍正皇帝重修孔林，嫌其不夠高大而改塑。現今二像對立，一儒雅卑恭，執笏微笑恭立，另一挺腰雙手按劍於地，不怒而威。一文一武，道盡天下文臣武將千古心聲。

享殿背後就是孔子及兒孫三代的墓地，為孔林中樞地帶。其實孔子兒子孔鯉比孔子早逝。倒是孫子孔伋（子思）聰穎好學，繼承祖業，得成一代大儒。孔子墓前有大型明代墓碑，篆刻「大成至聖文宣王墓」八字，文革時被北京前來的紅衛兵大錘擊成五十餘塊，現已修復，裂紋依稀可辨。其他各處許多石刻碑碣均有修復痕

文翁仲

跡，斑駁可循。

孔墓附近，最令人感觸是一座子貢廬墓處及手植楷樹碑。孔子逝世，眾弟子守墓三年後，紛紛離去，獨子貢師徒情深，依依不捨，結廬而居，又再多守三年，一共六年。當年他奔師喪，手植有楷樹樹苗一株，長成大樹後為雷所殛。後人再將樹像鐫刻於石碑，千秋懸念這現今絕無僅有的弟子真情。

九月二十八日為孔子誕辰，每年在曲阜舉行的國際孔子文化節以及孔廟祭孔大典，自然成為重大演出。那天全城萬頭攢動，擁向古城的正南門（又稱仰聖門，上刻有乾隆御筆「萬仞宮牆」四字），進入孔廟觀看備具三牲的祭禮儀典。孔廟經過歷代王朝修建，就像孔府一樣，

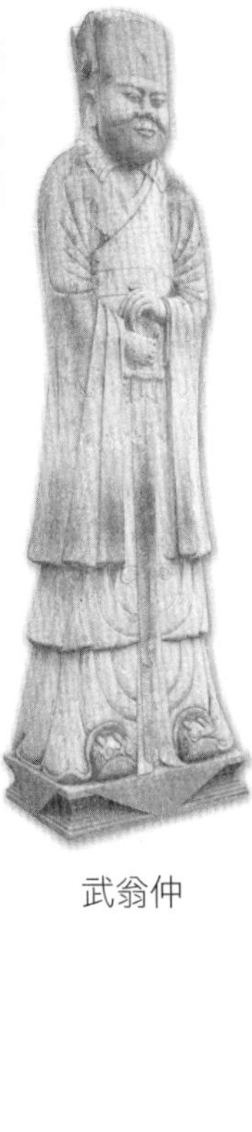

武翁仲

子貢手植楷樹碑

已自原來簡陋的居所廟堂，變成宮殿式的五門九進庭院。主體建築大成殿外廊二十八根雕龍石柱加黃色屋瓦，尤其前檐下的十條蟠龍大柱，透澈玲瓏，雕工精細剛勁，栩栩欲飛。帝皇尊貴，唯仲尼能享。

3 從章丘到濟南

由於劉鶚的《老殘遊記》，眾人大都知道濟南的大明湖，少知濟南東邊的章丘與百脈泉。其實提到山東章丘，哪能不想起李清照及她的故里明水？

就是那個令人一曲一徘徊、一字一驚心的南宋女詞人李清照。那〈聲聲慢〉裡「尋尋覓覓，冷冷清清，悽悽慘慘戚戚。乍暖還寒時候，最難將息。三杯兩盞淡酒，怎敵他晚來風急。雁過也，正傷心，卻是舊時相識」的千古絕唱，正是章丘人引以為傲的文學光環。

孔子墓

然而章丘除了李清照外，還有與濟南趵突泉齊名的百脈泉。

百脈泉屬濟南七十二名泉之一，在明水鎮東，所謂「方圓半畝許，其源直上涌出，百脈沸騰，狀若貫珠，歷落可數」，故以為名。這裡所謂的泉水，不是奔流溪澗，而是一種地下水的天然現象，在湖水或地面湧出如噴泉的自然景象，眾泉各異，名稱亦依貌而定。有泉水如墨，則名「墨泉」，有泉如青銅古鏡，則稱「金鏡泉」。

百脈泉

墨泉

金鏡泉

遊百脈泉亦同時可遊泉畔的清照園，雖非真正李清照故居，但是亭臺水榭，青松翠柏，垂楊直柳，自有一番氣象。水榭內立有李清照銅像，眼神幽怨堅忍，風姿綽約，有如姑射仙人。另更有漱玉堂，陳列李清照各類著作版本及研究書籍。易安樓、海棠軒繞泉而建，中秋之夜，倚樓臨泉觀月，真是「酒闌歌罷玉尊空」、「惜別傷離方寸亂」、「感月吟風多少事」、「花光月影宜相照」。

從章丘出發，來到號稱「泉城」的濟南，自然就得看趵突泉、千佛山和「四面荷風三面

李清照故居

柳，一城山色半城湖」的大明湖了。

《老殘遊記》內所說的四大名泉，趵突泉就是濟南七十二泉排名第一的名泉，號稱天下第一泉。如果年度雨水充沛，池中三股泉水日夜不斷，上奮激揚，趵突騰空，翻飛如輪，極為壯觀。其他三大名泉則有黑虎泉、金線泉及珍珠泉。金線泉就

在趵突泉公園內，泉內兩股泉水對流，由於流量均衡，陽光投入池底，在水面上形成一條金色水線，所以稱金線泉。

趵突泉附近的漱玉泉，亦大有來歷。那才是李清照的故居，當年女詞人住在漱玉泉附近，對清澈見底的泉水極為鍾愛，就連自己填詞結集，也名之為《漱玉集》。

濟南的冬天頗為冷峻，年底冬天，泉城降雪，趵突泉會出現難得一見的「雲霧潤蒸」奇景。那是隨著濟南氣溫驟降，和下起入冬後的大雪，三股泉水噴湧若輪的趵突泉水面上，因泉水水溫與空氣氣溫十幾度的溫差，霧氣繚繞，形成了古人所謂「雲霧潤蒸華不注」的勝景再現。「華不注」是趵突泉的古名。

雖然明湖居再沒有王小玉姐妹倆的梨花大鼓，或是那雙顧盼間，如秋水寒星、如白水銀裡滴溜溜養著兩丸黑水銀的眼睛，大明湖依然處處勝景古蹟，美不勝收。著名的千佛山倒影湖心，有如宋人畫軸；湖心島的歷下亭在大明湖南面，依舊是杜工部那副對聯：「海右此亭古，濟南名士多」。

神州大陸，山如千手，張臂相迎；湖如千眼，透澈玲瓏；從杭州西湖、武漢東湖、昆明翠湖、南京玄武湖、揚州瘦西湖、到濟南的大明湖，巧笑倩兮，美目盼兮，自有一種嫵媚風韻。

趵突泉

霧中大明湖的湖心島

遊大明湖，若在春夏，菡萏初展，荷葉田田，泛舟湖中，魚戲蓮葉東，魚戲蓮葉西，真是賞心樂事。若是近秋，也可臨亭遠眺，江山如畫，撫今思往，一時多少英雄豪傑；甚至可聯想到魯迅短篇小說〈在酒樓上〉相逢的呂緯甫，尚未哀莫大於心死時，出差到濟南，想替他喜歡的姑娘買一朵剪絨花，花買回去，姑娘卻死了。

4 從威海到天盡頭

從前教科書都把威海叫威海衛，現在才知道，就像天津的天津衛一樣，那是明朝軍隊設衛戍，屯兵編制的名稱，後來緣成地名。

到了威海，方知道它與鄰近的煙臺，距離朝鮮半島是多麼的近，一水之隔，怪不得韓國華僑大部分都是山東人。

威海號稱中國第一個「國家衛生城市」，也是兩度獲得聯合國頒發「改善人居環境最佳範例」的都市。也就是說，空氣新鮮、四季分明、氣候宜人的威海市，是人類生態環境最適宜居住的地方。

威海市名不虛傳，街道寬闊潔淨，交通有條不紊，人口並不擠塞，處處都是藍天大海。海濱公園漫長的海岸線，令人流連，惜多見匠工，未得大自然中的自然。但是來到威海，定要去距海港僅四公里外的劉公島。

劉公島就是當年的北洋水師提督府的府轅，外海就是甲午戰爭的古戰場。一八九四年九月十七日中日黃海大戰，歷時四小時四十分鐘，北洋水師全軍盡沒、忠肝義膽的將士們骨沉海戰場。其中尤以致遠艦管帶鄧世昌殉國最為壯烈，名垂千古。

鄧世昌原籍廣東番禺，至今在廣州市仍有鄧氏故居。其人忠勇驍戰，黃海一役，北洋水師艦隊遭日艦圍攻，彈盡援絕，鄧揮艦直衝敵艦欲同歸於盡，不果。艦沉，鄧墜水，義不欲生。部屬投以救生圈，不受。快艇來救，不上。隨艦愛犬游至身邊，啣其手，揮之去。犬再拖曳其髮，鄧按抱之共沉海底。其人忠貞剛烈，其事可歌可泣。遊劉公島，可拜鄧世昌，弔古戰場。島上的中國甲午戰爭博物館，有專人詳述展示當年戰爭經過的歷史陳跡。

天盡頭大海

歷史有沉有重，也有虛無飄渺。煙臺西邊百里過去的渤海，充滿仙山神話的蓬萊，「忽聞海上有仙山，山在虛無縹緲間」。浮槎出海，追求仙島或長生不老之藥，就要從威海東邊，也就是山東半島最東端的成山頭，又名「天盡頭」開始了。

據說這裡是最早看到日出，並為日神的居所，也是方士出海為秦始皇尋求靈藥的地方。當年徐福率數千童男女出海，應該就是自煙臺到威海沿海一帶起航。《史記・秦始皇本紀第六》，「齊人徐市（即徐福）等上書，言海中有三神山，名曰蓬萊、方丈、瀛洲，僊人居之。請得齋戒，與童男女求之。於是遣徐市發童男女數千人，入海求僊人。」

史書尚載，秦皇漢武，均曾來到山東一個叫「之罘」的瀕海山嶼。秦始皇並刻石以記，「維二十九年，時在中春，陽和方起。皇帝東游，巡登之罘，臨照於海」，就是其地東西北突入海中的天盡頭一帶，並有李斯手書「天盡頭，秦東門」六字。漢武帝在此參拜日神後，並撰有「赤雁歌」。此歌應為傳說，並不可考。

天盡頭還有一個現代有趣的迷信。據云如要仕途亨通、升官進爵的人不能來天盡頭。一到盡頭，還有什麼宦途去路可言？回頭就一定貶職降官了。聽說許多人來到天盡頭石碑，均止而卻步，寧可信其有，不敢越雷池半步。一九八四年十月二十三日，胡耀邦來到了天盡頭，眺望大海，若有所思，親筆寫下「心潮澎湃」四字，後來刻在一塊花崗岩石上，令人回味無窮。

天盡頭碑

濠江如鏡

——中西交會的澳門

1 歷史的澳門

很多人都說澳門變了，變得和從前不一樣。其實人和城市都在變，不變的只是回憶。半世紀前的澳門，沒有今天彩色繽紛。它介於黑白與早期彩色電影之間的一種色彩，不怎亮麗，有點寫實純樸，也帶點殖民地的浪漫氣勢。雖然當地居民百分之九十五為華人，歐洲風味的葡萄牙或荷蘭建築卻到處可見。從南灣到西灣沿岸的建築物，尤其是帶著歷史標誌意義的西望洋山（主教山）、東望洋山（松山）、峰景酒店、利為旅酒店、澳督府、以及澳督私邸，組成了一系列的西洋南歐風景線。雖然今天填海發展新區、利為旅早已拆卸改建，澳門一九九九年歸還中國後，峰景酒店的週末晚上，笙歌不再，已成葡國駐澳門總領事館。但澳門海岸線依舊榕樹婆娑，鳳凰木豔紅如火，石堤蜿蜒似錦帶，遠處主教山的大教堂矗立，尖塔鐘樓像一枝指南針，把方向指向永恆。

西望洋山（主教山）。為澳門大主教住所，尖塔鐘樓像一枝指南針，把方向指向永恆

如果把澳門歷史再推前數百年向歐洲的十五世紀，葡萄牙與西班牙是兩個最早致力於遠洋探險及通商的國家。西班牙陰差陽錯橫渡大西洋，以為終可找到契丹（中國），結果發現美洲新大陸。葡萄牙則自非洲西岸南進，發現好望角，進入印度洋控制海權，更自印度西岸的臥亞（Goa），再占馬來半島的馬六甲（Malacca，當時稱滿剌加）。滿剌加是中國明朝的進貢國，為兩國商販貿易買賣中心之地，因此葡人得悉中國情況甚多，與趣日漸轉濃，終於一五一四年（明正德九年）航抵粵珠江口，明朝人稱他們為「佛郎機」（Frangues），亦即十字軍時代回教徒對歐洲人的通稱。這是歐洲人最早自海道抵達中國的開始，明朝人後來亦把西洋銃炮通稱為佛郎機，皆為西方火器引進的徵兆。

澳督私邸。一九三七年開始正式成為澳督的私邸，就在西望洋山西麓

且說葡國船隊溯流直上閩浙等地，以香料換取絲綢、茶及瓷器用品，但葡人多

年來均無法在中國港口長期逗留通商，亦未在粵海絕跡。他們大都聚居於香山縣澳門西南附近的浪白滘及臺山縣海岸不遠的上川島（亦即聖方濟各・沙勿略St. Francis Xavier客死之地）及下川島。郭廷以《近代中國史綱》內載，一直要等到一五三五年（明嘉靖十四年），方藉「南海貢舶賄通官吏，許其寄泊澳門，每年繳納船課二萬兩。此後逐漸興建房舍，成為聚落，葡人乘機混入。一五五七年，一以金錢的運用，二以助剿海盜之功，取得同樣的待遇，數年之間，至者日眾。南海諸番自非葡人的對手，澳門遂為葡人專據」。

澳門是一個連接著中國大陸的半島，地處於珠江出口旁側，古時已是一個漁村港口。半島北部連接大陸叫望廈（就是一八四四年中美簽訂「望廈條約」的望廈），半島南部當時伸向海洋不叫澳門，而叫蠔鏡澳、蠔鏡、蠔江、或海鏡、香山澳……。蠔就是牡蠣，或蚵類，當時半島海岸石礁盛產蠔蚵，二十世紀五、六十年代在澳門居住的人都會記得，南灣一帶退潮時，礁石與海底黃泥皆見，尚有漁家婦女提桶涉足石泥間，扳開蠔殼取蚵。雖然所獲不多，然憑想像推溯向十六世紀，海產資源豐富，所獲定不止此。而澳者，乃指船艘停泊之地或小港。大概後來蠔產減少，名不副實，漸演變改稱為澳門，包括附屬的兩個大島——氹仔與路環。氹字從「乙水」

兩字合成（粵音tum），字較稀用，外人多不識其發音，原名龍頭灣，或潭仔（仔者，粵語指小或小孩也，猶臺語之「囝」），現有多條大橋與澳門半島連接，國際機場啟用後，幾乎已與澳門連成一體。

至於澳門英文為何呼為"Macao"（粵語「馬交」，葡語"Macau"）？一般看法是十六世紀中葉，葡人航入澳港時遙指岸邊的媽閣廟，詢問此是何地？漁民不知所指所問為何，遂以「媽閣」回應，葡人遂呼此地為Macao。

2 宗教的交會

澳門歷史之輝煌，絕非僅是葡國殖民地，而是它與西方基督文明入華有著密切的關係。大三巴牌坊是一座於一八三五年被焚毀大教堂的前面牆壁，前後經歷三次火災，數百年來矗立不倒，已成為澳門歷史精神的標誌。這座由意大利耶穌會士史賓諾拉神父（Carlo Spinola）設計，及許多日本雕刻工匠的精心細雕，花了三十多年時間陸續建築的巴洛克（baroque）式大教堂，於一六三七年竣工，為當時遠東最大的一座教堂，名「聖保祿教堂」。其實教堂原名「聖母堂」（Church of Mater Dei），聖保祿應是指耶穌會士在一五七二年（隆慶六年）創辦的「聖保祿學院」，後來升格為「聖

大三巴牌坊全景。宏巍壯麗的大三巴牌坊，前後經歷三次火災，數百年來矗立不倒，已成為澳門歷史精神標誌

保祿大學」的學府。

當時學院與教堂併建在一起，聖保祿的葡萄牙文為Sao Paulo，華人遂呼為「三巴」，大者，指有別於另一呼為「三巴仔」的「聖若瑟修道院」，現在院址在崗頂教堂（聖奧斯定教堂，或稱龍鬆廟）附近。但近年亦有人提出所謂「小三巴」，應是指板樟堂前地的「聖母玫瑰堂」，因建築設計均雷同於被呼為「大三巴」的「聖母堂」，只是規模較小。當時稱「板樟堂」是因為興建時甚為簡陋，以木板幃幔為障，人遂稱板「障」堂，後改為「板樟堂」。

大三巴前壁牌坊為花崗岩以疊柱方式共分四層建成，每兩層為一代表單元，配搭精緻的浮雕，饒富宗教涵義。

最高頂端第一層由三角楣形構成，有一隻代表聖神的銅鴿（鴿子兩旁有代表永恆的日月星表浮雕）及十字架。第二層是聖子耶穌雕像並兩旁

聖神銅鴿

聖子耶穌銅像

石刻受難工具，包括有右邊的梯子、鞭子、蘸醋海綿、羅馬人的旗幟；左邊有棘冠、鞭子、槌子、釘子、鉗子和矛槍；受難工具的兩旁，分立兩位天使，一捧受難十字架，另一捧耶穌背負被鞭打的木樁。第一、二層呈現出天主三位一體的聖三光榮。

第三層為無原罪童貞聖母瑪利亞升天雕像，壁龕外配繞以浮雕東方牡丹和菊花，前者象徵中國，後者象徵日本，有如西方玫瑰與百合的純貞尊貴。外面再配六位天神，以號角等樂器演奏歌頌聖母升天，功德圓滿。六位天神中，上面兩位下跪雙手合十作祈禱狀，下面的四位足踏祥雲，有明顯東方影響。面對聖母雕像的左邊，有一座石刻的生命之泉，及一隻在洶湧怒海的葡國大帆船石雕，代表教廷掌舵的領導，以及傳教士不遠千里而來的艱辛，波濤下有一條怪異的美人魚，代表魔鬼的邪淫引誘。帆船外旁有一中文楹聯，上寫「鬼是誘人為惡」，旁再配的是猙獰魔鬼雕刻。面對聖母雕像的右邊，雕刻有生命之樹，有人認為是柏樹，是日本神道廉潔剛毅的象徵。再右邊則有一條六首魔鬼怪龍，代表一切顛倒夢想，誘惑恐懼。龍首有一聖母石像，足踏龍頭，龍尾上端浮雕寫有中文「聖母踏龍頭」五個大字。惡龍極右邊則為一浮雕死者枯骨，骷髏捧著一柄象徵時間的大鐮刀，內側有一中文楹聯，上寫「念死者無為罪」。

聖母升天銅像

大帆船石雕

聖母踏龍頭石雕

上面所述的第三層設計，為大三巴牌坊中西藝術交會結合的極致，除了拉丁文與中文同時出現，更交融有東方宗教傳統的毒龍與惡鬼，以及它們的剋星，聖母或菩薩。

第四層為耶穌會士的四位聖人雕像，分別為耶穌會創始人聖依納爵・羅耀拉 (St. Ignatius Loyola)，真福方濟各・包傑 (Blessed Francisco de Borgia)，聖方濟各・沙勿略 (St. Francis Xavier)，真福類思・公撒格 (Blessed Luis Gonzaga)。

最下面的一層為教堂入口，有三道門，正門稍大，上雕塑有「天主之母」或「聖母」(Mater Dei) 字樣，其他兩門上方各浮雕有「人類救主耶穌」(IHS) 字樣，亦即「耶穌會」的標記。

牌坊後面的地下墓室，經過發掘及整理，現已開放成為讓人參觀的一間墓堂，安放著一些十

第四層主保聖人銅像（其中兩位）

教堂入口三道大門

七世紀在日本及越南殉教者骸骨。觀其名單，許多均是日本姓名，讓人想起與英國作家葛林 (Graham Greene) 分庭抗禮的日本當代天主教作家遠藤周作的《沉默》一書，在德川幕府禁教令下，那些在長崎信德堅強，慷慨殉教的日本教徒，除被烈火焚燒而死外，還會分別被綁在十字架形的木樁下，在海邊接受「水磔」刑罰。那就是把他們豎在岸灘上，被夜晚上漲的潮水活活淹死。

德川幕府實施鎖國政策時，曾頒布「鎖國令」，只准中國及荷蘭商船赴日本貿易，更將貿易限定在長崎一港。清朝則剛好相反，由於大清開放海禁以來，航運貿易獲利甚豐，因此閩粵一帶赴日的商船絡繹不絕，其中更有澳門的商船，因此許多日本天主教徒亦由此途徑，隨著被驅逐的耶穌會傳教士來到澳門定居，繼續他們的信仰。其中赫然有一批被在日本傳教的藝術大師喬瓦尼・科拉・尼高魯神父 (Giovanni Cola Nicolao) 訓練出來的日本教徒畫家巧匠。這一部分教徒死後，也葬在大三巴。

澳門擁有大小不同、各具建築特色與掌故的西洋教堂，最是迷人，許多西洋樂器之傳入中國，亦始自澳門的教堂音樂。西洋教士如利瑪竇 (Matteo Ricci)、郭居靜 (Lazare Cattaneo)、龐迪我 (Diego de Pantoja) 等人多懂音律，更以西琴曲意取悅皇室，尤其大型風琴 (organ)，簧管數百，琴弦數百，更令人嘆為觀止。教堂之中，除大三巴牌坊外，還有建於一五五八年，保護旅客平安的「聖老楞佐堂」（Church of Sao Lourenzo，即St. Lawrence），人稱「風順堂」。當年又稱望人廟、風訊廟或風順廟，供奉葡萄牙航海保護神——聖羅倫斯，並在教堂設有風訊旗杆。風順堂就在龍嵩街過去的風順堂街，即前澳督行轅府的後面，地在南灣高處，可以遙望十字門洋出海或返航的帆影。

龍嵩街在新馬路（澳門唯一垂直線形的主要街道）尚未開發時，是最繁榮的一條街道，有金飾鋪、絲綢店、包括後來靠近在新馬路口的警署和一家以賣素齋點心馳名的「味雅」。風順堂街亦為早年葡人聚居之地，星期天的風順大教堂衣香鬢影，集望彌撒，禱告天主，以求出海商人早返澳門。

廖赤麟〈澳門竹枝詞〉之八有云：

郎趁哥斯萬里間，計程應近此時還；
望人廟外占風信，腸斷遙天一髮山。

並附註曰：「澳有望人廟（風信廟），夷人有出販他國者，其婦每於此望之」。哥斯者，即商船Costa之稱號。

風順堂（聖老楞佐堂）。建於一五五八年，為澳門最古老的教堂，供奉葡萄牙航海保護神——聖羅倫斯，保護旅客一帆風順

風順堂街舊屋（在卑弟圍內）。澳門殖民地風格的民舍早已拆卸殆盡，這裡依稀可見百葉窗和雕柱痕跡

主教山（西望洋山）教堂前的廣場亦供奉有聖母像一尊，亦為航海人的主保。每次葡國商船入港，山頂上的尖塔鐘樓定必鳴鐘以迎。葡人聞鐘亦必在額胸手劃十字以應，感謝神恩庇佑。

葡人航海倚賴聖羅倫斯或聖母，猶如中國漁民倚賴媽祖一樣。澳門的媽閣廟終年香火不斷，無人不識，只要循西灣海堤走落半島南端，過了舊日的屠宰房，就可到名聞中外的媽閣廟。

媽閣如此有名，不止是前述的澳門外文名字Macao的來源。廟宇香火鼎盛，除了媽祖降波服海，風平浪靜的神力外，此處更是明清兩代文人雅士，尋幽探勝，吟詩酬唱，刻石題字的地方。這些石刻文字，篆隸楷草，各擅勝場。因此訪媽閣廟，必備餘逸，以謀拾級仔細觀賞廟內各式各樣的石上題字。有些大字更被視為「摩崖石刻」，一九五〇－六〇年代尚未有氣墊噴射船來往香港澳門時，乘客均需乘搭大輪船如「佛山」、「大來」、「利航」等前赴澳門，

媽閣廟正門。廟入門邊右邊有彩色大石刻「洋帆船石」，尾桅旗上刻「利涉大川」四字，應是出自《易經》卦文

輪船一入西灣，海平如鏡，未到河邊新街舊碼頭，便會遠遠看到清代廣東大鵬協副將張玉堂手書的「海鏡」摩崖石刻兩個大字，石高逾丈，字凡數尺。可惜市區規劃不良，此兩字竟為後來興建的樓宇所遮掩，世間蒙塵，不見天日。

然張玉堂在媽閣廟內亦有拳書「名巖」兩個大字，勒於弘仁殿旁石壁，筆勢雄渾，端莊儒雅，有若龍蛇筆走，超逸不凡。廟內大石有其他大字如「說法點頭」、「海覺」、「太乙」，均為名家手筆。

「名巖」摩崖。「名巖」兩個大字，勒於弘仁殿旁石壁，筆勢雄渾，淋漓盡致

張玉堂，字翰生，號應麟，清廣東惠陽人，自稱翰墨將軍，文舉七試，均未掄元，遂棄文習武，出身武舉人，能詩善戰，文武全才。曾任前山寨參將，駐守官涌炮臺，奉林則徐之命，參與鴉片戰爭。一八五四年（清咸豐四年）奉命收回香港九龍城寨，為當日九龍租借與英國時之最高地方長官。他在道光年間為前山參將，常因地利走訪拱

北、澳門，媽閣廟更處處翰墨留香。廟內另有石刻指書（即以棉花裹手指蘸墨而書，間中亦以指甲勾勒；拳書則裹拳而為，多大字）五言律詩一首：

魚龍朝闕處，勝地著聲靈。
玉樹逼岩翠，蓮峰浮海青。
苔侵三徑石，竹繞半山亭。
更上層巒望，煙波入杳冥。

下款為「和致遠西將軍題壁原韻，道光癸卯三秋，張玉堂指書」。

西將軍為另一錢塘水師參將西密揚阿，滿洲正紅旗人，與張玉堂稔，同為能文能武的參將，乙卯年曾訪澳門亦題壁有詩云：「蓮峰浮遠島，廟貌仰雲亭。萬頃淩霄際，千艘仗赫靈。海流天地外，神護汐潮青。萬國朝宗日，馨香極杳冥」。

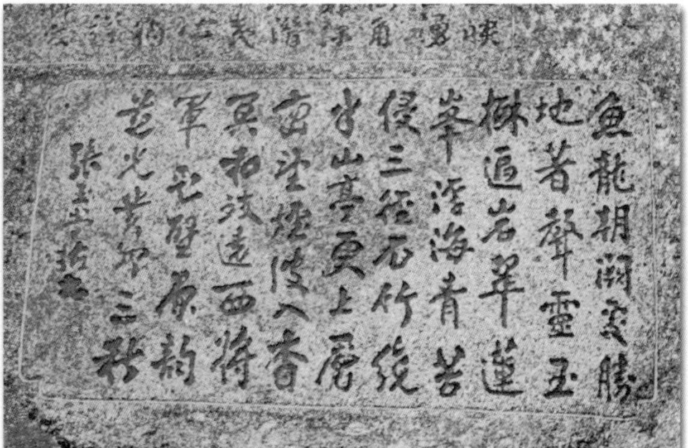

張玉堂指書五言詩石刻

上面這兩首唱和的五言律詩同時左右分刻在一塊大石上，為遊人拾級必經之徑。張玉堂尚有七言詩「何須仙島覓蓬萊」石刻於附近。

澳門廟宇除媽閣外，其他尚有普濟禪院（觀音堂）、蓮峰廟、哪吒廟、藥山寺、竹林寺等。觀音堂內院於一八四四年，顢頇的清政府與美國在此簽下不平等的「望廈條約」，當時簽約的石桌石凳至今仍在，後更建有「碑亭」，刻碑詳述條約經過，以供後人瀏覽。另不堪一述的就是這批腐敗的滿清官員，喪權辱國簽約完畢之餘，還有雅致群赴媽閣廟一遊，飲酒吟詩，並勒石為記。媽閣廟有一石，上有潘仕成一詩：

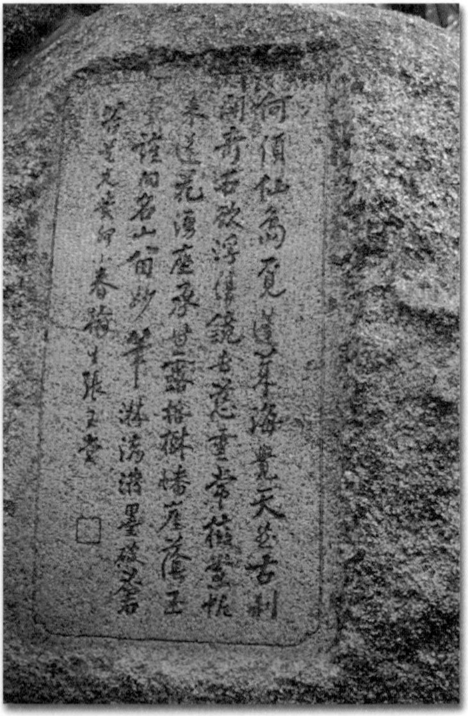

此為張玉堂於道光癸卯二十三年（一八四三）所題的七言律詩。書法蒼勁端莊，詩云：「何須仙島覓蓬萊，海覺天然古剎開，奇石欲浮濠鏡去，慈雲常擁鸞帆來；蓮花湧座承甘露，榕樹蟠崖蔭玉臺，謹向名山留妙筆，淋漓潑墨破蒼苔」

攲石如伏虎，奔濤有怒龍。

偶攜一尊酒，來聽數聲鐘。

詩後有註「甲辰仲夏，隨侍宮保耆介春制軍於役澳門，偶偕黃石琴、方伯暨諸君子同遊媽閣，題此。賁隅潘仕成」。

「望廈條約」在道光二十四年甲辰五月十八日（一八四四年七月三日）簽訂，時屆仲夏。耆介春即兩廣總督耆英，滿洲正藍旗人，字介春。黃石琴即廣東巡撫黃恩彤，山東寧陽人，字石琴。潘仕成即潘德畬，為此次簽約的中方隨員，原本為十三行商人，因其「與米利堅商人頗多熟悉，亦素為該國夷人所敬重」，因而被耆英調至衙署專理夷務。當年潘仕成以富商身分，在廣州市荔灣區別墅「海山仙館」（又稱「潘園」）經常宴請中外賓客，其「尺素遺芬」刻石極為有名。

與潘同遊的黃恩彤亦有勒石題句：「蒼山峨峨，碧海迴波，仗我佛力，除一切魔」。並誌記云「道光甲辰五月，偕潘德畬仕成、趙怡山侍御長齡、銅竹樵司馬僖，來遊媽閣，書此以誌。寧陽黃恩彤」。

觀音堂除不平等條約外，尚有兩項掌故值得一述。抗戰時嶺南畫派開山祖師高劍父曾寄寓寺內，作畫自娛，並收門生如關山月、高奇峰等日後崛起的嶺南大家。劍父當年許多構思畫稿，常棄置字紙簍內，但卻為清理而不捨丟棄的寺僧撿拾存賞。早年寺中尚有懸掛一、二幅劍父寫意之作，現則早已不見。

另一觀音堂掌故是在後園四棵合生的連理樹，樹中有樹，枝外生枝，葉葉相連，心心相印，真是一棵悱惻纏綿的連理樹。筆者重遊後園，有如驚夢，園存樹渺，據云已枯萎死去。大概在天比翼、在地連理的愛情，均是虛無飄渺。一切有為法，如夢幻泡影，如露亦如電。

逸園賽狗場過去不遠的蓮峰廟，聞名於近代史，欽差大臣林則徐與兩廣總督鄧廷楨於一八三九年巡閱澳門時，林在此傳見葡萄牙官員，「宣布恩威，申明禁令」，取得澳葡禁鴉片進口販賣的部分合作。現於廟旁建有「林則徐紀念館」。

3 中西的交會

澳門有一系列「歷史建築群」提出申報為文化類的世界遺產，被選取的建築群共十二處，包括媽閣廟、大三巴牌坊、鄭家大屋、聖若瑟修道院及教堂、崗頂劇院、舊城牆遺址、大炮臺及東望洋炮臺……等地。這些建築均可視為東西文化的交會。

盧九花園。右上角有鳳凰木，垂向青翠欲滴的荷塘，蘇州亭林般雅致，並帶西洋樓閣風味建築，中西藝術融為一體

也許因為如此，獨具中國蘇州亭園風格的盧廉若花園（盧九花園）反而名落孫山，其實這座花園是當今澳門最具華人特色與平民化的花園，本地人從早晨到午間的運動、練唱、弈棋、憩息，簡直就是一個民眾活動中心。花園夏日荷池飄香，鳳凰木紅遍亭林，秋天翠樹青竹，處處太湖石影。

「歷史建築群」其根本價值在於體現中西文化交流和融合的特點，一方面是基督文明進入中國，西學東漸，另一方面也東學西漸，中國文化通過澳門傳入歐洲，影響非常深遠。

單說耶穌會士的基督文明東來，利瑪竇一人便光芒萬丈，教導了明朝所謂「聖教三柱石」的徐光啟、李之藻、楊廷筠三人，並帶動了天文曆算、地理輿圖、數學科技的「實學」發展。

一九九四年十一月底，澳門舉行了一個聖保祿學院四百週年（一五九四－一九九四）紀念的「宗教與文化國際研討會」。會中由美國舊金山大學教授，「利瑪竇中西文化歷史研究所」(Ricci Institute for Chinese-Western Cultural History) 創辦人之一，馬愛德神父 (Edward Malatesta S. J., 1932–1998)，宣讀了一篇〈聖保祿學院：宗教與文化的研究院〉。論文內提到耶穌會創始人依納爵・羅耀拉創建的三大文獻：1.《組織原則》(*the Formula of the Institute*)，2.《章程》(*the Constitutions*)，3.《宗教修練》(*the Spiritual Exercises*)。

在第一項的《組織原則》內有一條特殊誓言，即是耶穌會士遵守而無條件執行教廷要派送他們傳教的地方，「不管他們是派我們到土耳其人或者其他異教徒甚至生活在東印度的人們中去……」。

但是在第三項的《宗教修練》裡，聖依納爵進一步提出其中一個修練項目，就是默禱者企盼著基督召喚每一個人成為他的信徒。因此，除了投身在拯救世人的任務外，耶穌會士可以在一個更高層次觀念下履行這項任務，那就是願意不僅要把自己全部貢獻給上帝的事業，而且「願意以特別的方式來完成這種貢獻」。《宗教修練》

內要求會士們向上帝這樣發問：「在承受一切錯誤、虐待和貧窮的時候，選擇他們並倣傚基督，是否是對祂更好的讚美和感恩？」

在羅馬的「耶穌會」檔案裡，至今還保留著全歐洲會士在十六至十八世紀裡所寫的數千封請求派往外國傳教的信函。惟有如此，我們才會明白耶穌會士為何前仆後繼、漂洋過海來到澳門，不僅澳門是進入中國的門戶，而是他們「願意以特別的方式來完成這種貢獻」。也就這樣如此，當我們佇立仰觀大三巴牌坊時，看到的應該不止是一面不倒的牆壁，或浮雕圖案的宗教意義。這面牆壁其實是基督文明入華努力的一個縮影，蘊含著許多西洋傳教士的理想、實踐、靈修、奮鬥與堅持，以及一去不再回鄉的故事。他們幾乎已把地球的畛域超越成不分國籍、國界、人種或語言的靈性世界，而畢生奉獻給這理想。

澳門無論怎樣看都是東西文化的調和，撤退前後，澳葡特意保留許多本土色彩的街道或建築（譬如刻意把板樟堂變成行人街，或保留「便民藥房」及「龍記酒家」之類）。飲食文化除了華人匠心獨具的「雙皮奶」或「薑汁撞奶」甜品外，葡國餐老店、「佛笑樓」的招牌菜居然不是葡國海鮮焗飯，而是遠近馳名的中式「紅燒乳鴿」。

有如人生一般無常，飲食店此起彼伏，自不能以店名招牌論英雄。葡國菜的飲食業，由於橋樑搭建交通方便，早已由澳門發展入氹仔。最具本色的葡國菜式包括各式烹調的馬介休（一種葡式鹹魚）、炭燒沙甸魚、薯蓉青菜湯、非洲辣雞、葡國雞、咖哩雞、咖哩炒蟹、焗豬排飯、海鮮飯，以及用作甜點的木糠牛奶布甸。澳門有許多傳統悠久、精緻可口的糕餅如「杏仁餅」、「雞仔餅」、「老婆餅」、「盲公餅」及「雞蛋捲」。還有一個小小祕密，有一種舊式「杏仁餅」，餅內夾藏一片薄而透明的炭燒豬油，不健康，但好吃。

【96】

兩　地　　林海音 著

本書為林海音最早期的作品，也是最重要的作品之一。當她客居北平時，遙想故鄉臺灣的人事；回到臺灣後，又懷念北平的一切。對這兩地的情感，釀出一顆想念的心。這是林海音最喜歡的兩個地方，所以她寫下那一滴一點的滋味，永遠永遠地記著這生命中的兩地。

【100】

文化脈動　　張　錯 著

一本感性與理性兼容並蓄的文化散文集，對關心臺灣文化的讀者提供了內蘊文學思考，同時兼顧生活態度的啟發。作者張錯說:「詩的最後一句，散文的最後一行，小說最後的悲離與歡合，都有一種結局，惟有人生沒有結局。」也就因為如此，作家的思緒中便湧現了更多的關懷，對於文化，更重要的是對於人生。

【180】

蘭苑隨筆　　鍾梅音 著

在鍾梅音女士的文學世界裡，不論是生活感懷，還是異國人文與風采情調，或東南亞諸國的歷史巡禮，我們都可從精鍊溫婉的文字中凝聚起豐富的想像與感受到恬靜雅致的情懷。本書寫的不僅是作者個人的見聞，也記憶著那已經逝去的純真而美好的歲月。

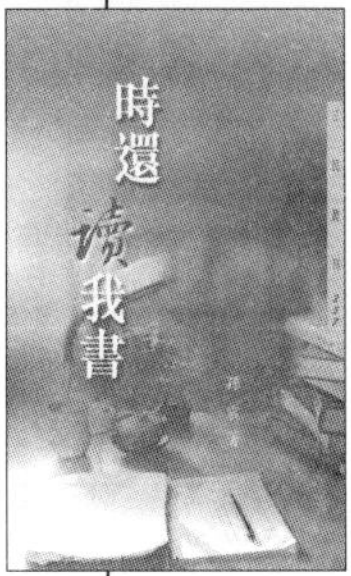

【257】

時還讀我書　　孫　震 著

●中央副刊每日一書推薦

「既耕亦已種，時還讀我書。」本書或談人生點滴，或敘還鄉情怯，或言師友交誼，以髮上青春的墨色，留下扉間歲月的字跡。所見的不只是天地悠悠，更有生命的尋思與豁然。

世紀文庫

【文學 003】

鏡中爹　　張至璋 著

五十年前的上海碼頭，本書作者的父親與他揮別；五十年後他從澳洲到江南尋父。一張舊照片是他的鏡中爹，一則尋人廣告燃起無窮希望，一通國際電話如同春雷乍驚，一封撕破的信透露幾許私密，五本手跡冊子蘊藏多少玄機。三線布局，天南地北搜索一名老頭，卻追溯出兩岸五十年離亂史。

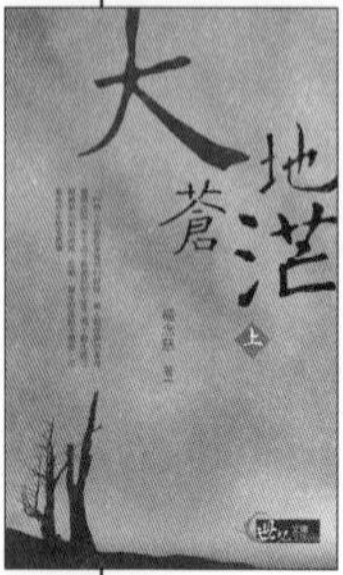

【文學 010】

大地蒼茫（二冊）　　楊念慈 著

睽違二十多年，資深作家楊念慈，繼《黑牛與白蛇》、《廢園舊事》等作品之後，又一部長篇鉅著——《大地蒼茫》終於問世！山東遼闊蒼鬱的故事背景、粗獷樸實的人物性格，在作家的妙筆下栩栩如生。凝神細讀，將不知不覺走入那段驚心動魄的烽火歲月。

【文學 012】

客路相逢　　黃光男 著

里爾克 (Rainer Maria Rilke)：「旅行只有一種，即是走入你自己的內在之旅。」本書作者具有畫家和作家兩種身分，他以畫家的心靈寫出他的旅遊見聞和感懷，因此，書裡所呈現的彷彿是一幅幅以沾著詩意的文字所繪成的畫作；是視覺和心靈的遊記。你渴望不一樣的旅行嗎？翻開本書，開始踏上旅程吧。

【文學 014】

京都一年　　林文月 著

「三十年歷久彌新，京都書寫的經典。」本書收錄了作者 1970 年遊學日本京都十月間所創作的散文作品，自出版即成為國人深入認識京都不可錯過的選擇，迄今仍傳唱不歇。今新版經作者校訂，並增加多幅新照。書中各篇雖早已寫就，於今讀來，那些異國情調所帶來的感動，愈見深沉。

【文學 018】

台灣平安

洪素麗　文・圖

本書的寫作，涵蓋的時間與地域是寬廣的。從大霸尖山的霧林帶到北美的溫帶雨林。從西班牙的陽光海岸到熱帶摩鹿加群島。從孟買的雨季到港都哈瑪星的烏魚季。洪素麗以她充沛的文學與藝術的才情，文圖並茂地標示她的文學藝術文化的無國界觀。

【傳記 002】

漂流的歲月（上）

莊　因　著

●中國時報開卷周報書評推薦、聯合報讀書人書評推薦
●第 28 次新聞局中小學生優良課外讀物人文類推介

「千百萬人在同一個時期，跟我一樣，歷經了也接受了這樣巨大的動亂。」本書作者成長於中日戰爭、國共內戰之際，且因父親任職於故宮，他自孩童時期就隨著國寶文物的搬遷而遷徙。因此，本書不僅是個人的回憶，也是家國動盪、國寶文物遷徙的歷史。

【生活 002】

記憶中的收藏

趙　珩　著

五十年，是人的大半生，卻是歷史的匆匆一瞬。而近五十年來，中國社會經歷巨變，許多傳統事物和文化，都逐漸從人們的記憶中飄逝。作者採擷過往人生經歷和見聞，以感性的筆觸，娓娓道出收藏於記憶中的人情、事物、風俗。雖說是個人雜憶，卻觸及諸多社會文化現象，再現了五十年間急遽消逝的生活場景。

【生活 003】

不丹　樂國樂國

梁丹丰　文・圖

本書作者一直盼望能到不丹旅行。在畫旅八十餘國後，她終於踏上這片嚮往已久的樂土。對於不丹人物風情、山川景致，作者以其一貫的細膩筆調做了詳實敏銳的觀察與深刻感性的描述。同時，更以彩筆勾勒出一幅幅動人的人間樂土，與讀者分享她在不丹的旅程中盈滿的藝術情感和內心悸動！

國家圖書館出版品預行編目資料

尋找長安：文化遊記／張錯著.－－初版一刷.－－臺北市：三民，2008
面；　公分.－－(世紀文庫:文學019)

ISBN 978-957-14-4932-6　(平裝)

1. 旅遊文學 2. 中國

690　　　97000456

© 尋找長安
——文化遊記

著作人　張　錯
總策劃　林黛嫚
責任編輯　田欣雲
美術設計　謝岱均
校對　王良郁

發行人　劉振強
發行所　三民書局股份有限公司
地址　臺北市復興北路386號
電話　(02)25006600
郵撥帳號　0009998-5
門市部　(復北店)臺北市復興北路386號
(重南店)臺北市重慶南路一段61號

出版日期　初版一刷　2008年2月
編號　S 857060
定價　新臺幣210元
行政院新聞局登記證局版臺業字第〇二〇〇號

ISBN 978-957-14-4932-6　(平裝)

http://www.sanmin.com.tw　三民網路書店